100
百年变局和美欧同盟

PROFOUND CHANGES UNSEEN IN A CENTURY
AND THE U.S.-EUROPE ALLIANCE

孙成昊 著

中国科学技术出版社
·北京·

图书在版编目（CIP）数据

百年变局和美欧同盟 / 孙成昊著 . —北京：中国科学技术出版社，2023.9
ISBN 978-7-5236-0235-5

Ⅰ.①百… Ⅱ.①孙… Ⅲ.①国际政治—研究 Ⅳ.① D5

中国国家版本馆 CIP 数据核字（2023）第 079646 号

策划编辑	刘　畅　屈昕雨	责任编辑	刘　畅
封面设计	仙境设计	版式设计	蚂蚁设计
责任校对	焦　宁	责任印制	李晓霖

出　　版	中国科学技术出版社
发　　行	中国科学技术出版社有限公司发行部
地　　址	北京市海淀区中关村南大街 16 号
邮　　编	100081
发行电话	010-62173865
传　　真	010-62173081
网　　址	http://www.cspbooks.com.cn

开　　本	880mm×1230mm　1/32
字　　数	159 千字
印　　张	8.125
版　　次	2023 年 9 月第 1 版
印　　次	2023 年 9 月第 1 次印刷
印　　刷	河北鹏润印刷有限公司
书　　号	ISBN 978-7-5236-0235-5/D・130
定　　价	69.00 元

（凡购买本社图书，如有缺页、倒页、脱页者，本社发行部负责调换）

推荐语

Recommendation

了解美欧同盟关系的结构、特征及演变是了解当今世界格局的一个重要视角。孙成昊同志的新著为我们系统地梳理了美欧同盟的相关理论、历史渊源以及多重困境,从美欧各自不同的视角审视美欧同盟关系,娓娓道来又不乏真知灼见,是一本值得推荐的好书。

——周弘,中国社会科学院学部委员、国际学部主任

结盟是国际关系的伴生物,同盟政治深刻地影响着国际关系的发展。联盟战略是第二次世界大战后美国外交政策的基石,美欧跨大西洋联盟是美国全球同盟体系的核心组成部分。孙成昊博士的新著《百年变局和美欧同盟》是研究百年变局下美欧同盟变迁的一部力作。该书的最大特色和亮点是,基于"同盟困境"视角,探究美欧同盟在不同时空背景下的特征、演变、形成要素及影响,进而发现美欧同盟演变的历史规律。作者在阐释"同盟困境"的概念及理论的基础上,逐次深

入地论述了美国同盟在冷战期间和冷战后不同历史阶段呈现的"四种困境",并解析了演变原因及影响,其中不乏独到而精辟的见解。该书主题鲜明、内容详实、文献基础扎实、论证逻辑清晰,历史与现实贯通,其既有历史的纵深感,又有时代现实感;理论演绎与实证分析相结合,有助于增强论点和结论的说服力。总之,这是一部兼具学术价值和现实意义的著作,值得对国际问题感兴趣的读者阅读。

——赵怀普,外交学院国际关系研究所教授、博士生导师

乌克兰危机清楚地显示,国际秩序正处于质变过程中。要理解世界的现状和未来,必须深入理解西方。而要理解西方,就离不开美欧同盟这一西方世界的基石。本书作者以一种详尽而清晰的方式,向我们解释了大西洋两岸的深度契合与各自追求,值得一读。

——达巍,清华大学战略与安全研究中心主任、
清华大学社会科学学院国际关系学系教授

美欧同盟是当今世界最重要的同盟关系,其发展演变深刻牵动世界格局。本书独辟蹊径,以"牵连"与"抛弃"的同盟困境洞悉美欧同盟的历史经纬与演变趋势,为我们客观认识百年变局下美欧同盟内部的战略依赖与战略自主提供了新的理论视野。

——张骥,复旦大学国际关系与公共事务学院教授、副院长

推荐序

欧美关系无论对于欧美双方本身还是对于国际战略格局都十分重要。自二战结束以来，对美关系一直占据欧洲国家外交的首要位置。与此同时，美国也认为其与欧洲的关系最为亲密。欧美关系的重要性和特殊性一方面得益于双方的实力和国际影响力，另一方面也与其性质紧密相关。将欧美联结在一起的主要有四大纽带：共同的历史文化、相同的政治价值观、紧密的经济联系，以及战后建立并维持至今的军事同盟——北约。其中北约无疑是最重要的纽带。在国际舞台上，自二战结束以来欧洲和美国总体上保持了协调合作的态势。近年来随着世界大变局的加速演进，以及欧美各自的变化，欧美关系也正在经历深刻的调整和变化。

安全联系既是欧美关系的核心部分，也是理解欧美同盟关系状态以及未来走向的重要视角。

欧美走近乃至结盟主要发生在冷战时期。冷战后，欧美关系之所以面临挑战，最主要是因为，成立于1949年的北大西洋公约组织（北约）的共同敌人消失了。这意味着欧洲在安全问题上对美国的依赖下降了。北约目前有30个成员国，除美国、加拿大、土耳其外，其他成员国都是欧洲国家。从本质上来说，北约就是欧洲对美国军事安全依赖的产物。冷战时期，北约认定其安全威胁来自苏联，因此在苏联解体后，这一军事同盟的重要性显著下降。2003年美国出兵伊拉克，包括法国、德国等在内的许多欧洲国家对此持反对立场，当然也有诸如英国、西班牙、意大利等国表示支持，但总体来说在欧洲还是反战的声音更大。这是冷战结束后跨大西洋两岸或者说西方同盟内部的第一次公开大冲突，出现了"大西洋变宽了"这种形象的说法。在经济联系方面，由于冷战结束后安全的重要性下降，欧美之间以往被掩盖的一些经济摩擦也开始凸显。

特朗普在白宫的4年，欧美矛盾加剧有很多原因，但主要原因是北约的基础发生了动摇。特朗普公开表示在经贸领域，欧盟是美国的敌人。他不希望欧洲搞一体化，鼓动欧盟国家跟随英国的脚步一起"脱欧"。但这些不是最重要的，特朗普时期造成欧美关系空前紧张的是美国对北约的态度。在欧洲最看重的北约对欧洲的安全承诺问题上，特朗普采取了回避立场，这使得欧洲国家开始怀疑美国是否还能依靠。针对欧美在北约内部的政治和战略沟通越来越少的态势，法国总统马克龙直言"北约已脑死亡"。时任德国总理默克尔则表示，"欧洲依赖别人的日子即将结束,欧洲人需要把命运掌握在自己手中"。这里的"别人"指的正是美国。时任欧洲理事会主席、波兰前总理图斯克对特朗普治下的美国的评价是,"有这样的朋友谁还需要敌人"。

欧洲国家对拜登上台是有所期待的。拜登说"美国回来了"时,指的是特朗普时代结束了,美国又回到了与盟友携手合作的时代。但是2021年发生了两件大事让欧美关系的改善蒙上了阴影。一是美国不顾欧洲盟友意见仓皇从阿富汗撤军,二是美国与澳大利亚、英国组建所谓"奥库斯"(AUKUS)三国安全同盟。包括法国在内的很多欧洲国家对拜登政府的上述做法颇为不满。不论是阿富汗撤军还是"奥库斯"同盟,让欧洲人担忧的是美国战略重心的东移。欧洲国家认识到,无论谁入主白宫,美国都会聚焦"印太"地区,[①] 将欧洲作为美国外交和安全要务的时代一去不复返了。

2022年突然爆发的乌克兰危机给欧洲安全产生了自冷战结束以来最严重的冲击。引发的最大变化是,传统安全问题再度凸显,俄罗斯与欧美走向全面对抗,北约被重新激活,欧美同盟得到强化。不仅芬兰、瑞典等中立国提出加入北约,北约在东欧地区的军事部署也得到加强,北约快速反应部队将由现

---

① 作为特殊概念,本书在使用"印太"指代地区时一律使用引号,在指代美国政府战略时则不用。——编者注

有的 4 万人增至 30 万人。美国驻欧兵力新增 2 万人，总数升至 10 万人。这无疑是冷战后欧洲发生的最大变局。

观察未来欧美同盟或者广义上的跨大西洋关系走向，不能不考虑欧洲安全格局新变局，当然还有一个重要的因素即美国战略重心东移。

北约会因应欧洲安全新局势，确立两个战略重点吗？在这种情况下，北约将出现两个目标，即美国在聚焦"印太"和中国的同时，把俄罗斯重新视为其战略重点，而欧洲国家则在保持将俄作为其战略重点的同时跟随美国将"印太"视为其新重点。这种可能性目前有迹可循，但未来究竟会走到哪一步还有待观察。以前，在北约峰会上不可能提到中国，尤其是欧洲国家领导人不会在北约的会议上公开提及中国。但 2019 年在北约峰会公报上赫然出现了中国。2020 年由于疫情等原因北约没有召开峰会。2021 年拜登上台后将欧洲作为其外事活动首访地，且其行程包括在北约总部布鲁塞尔参加北约峰会。而此次峰会发表的联合声明写道："中国的崛起对北约构成了系统性挑战"。2022 年 6 月 29 日北约马德里峰会出台了新战略概念文件，文件称俄罗斯为"最重大且最直接的威胁"，中国则对北约国家的利益、安全和价值观构成了挑战。但马德里峰会也首次邀请日本、韩国、澳大利亚、新西兰等四个亚太国家领导人参会。

目前来看，上述文件表明前景仍有较大的不确定性。如果欧洲坚持将本地区作为其全球战略重心，不愿意把"印太"纳入其战略重点，同时美国坚持将"印太"作为其唯一战略重心，欧美同盟会不会日渐疏离、渐行渐远？毕竟欧美同盟的建立和维持是以双方具有共同的全球战略重点为前提的。

还有一种可能性，即欧美同盟犹在但双方关系将朝着既分工又合作的方向演进。乌克兰危机爆发后不久，欧盟于2022年3月24日举行的成员国峰会正式通过《安全与防务战略指南针》。该文件指出，制定战略指南针的目的在于使欧盟"成为更强大、更有能力的安全提供者"，为此将建立一支由5000人组成的快速反应部队，并可在危机出现时迅速将其部署到位。同时，欧盟成员国承诺大幅增加防务开支、提高防务技术创新能力，并加强与北约、联合国、欧洲安全与合作组织、非盟、东盟等方面的合作。欧盟外交与安全政策高级代表博雷利称，启动战略指南针计划是"欧盟在安全和防务政策领域迈出的非常重要的一步"。

乌克兰危机对欧盟防务建设的最终影响还需要进一步观察。但可以肯定的是，未来在很长时间内欧盟难以形成独自应对大国传统军事威胁的力量，这一点欧洲国家很清楚。欧洲国家在欧盟框架内加强防务建设绝非要取代北约。欧盟的战略考虑是，一方面维持欧美同盟，另一方面逐渐减少对美国和北约的安全依赖，争取未来形成欧盟和北约较为明确的既分工又合作的关系，即在美国不愿直接参与的情况下欧盟有能力独自处理地区危机。那么，美国的考虑是什么呢？美国战略重心东移并不意味着放弃北约，相反美国仍然看重欧洲的作用和影响力。拜登尤其重视与欧洲盟国的合作。这是其与特朗普最大的区别。2021年以来美欧不断通过两大机制，即"欧美涉华高级别对话"和"欧美贸易技术理事会"协调对华政策。北约马德里峰会将中国定义为"系统性挑战"，并将此写进北约新"战略概念"，正是欧美在对华政策上相互不断协调的结果。

孙成昊在读博期间专注于研究欧美同盟，力图从理论上分析和解释同盟内部相互关系的发展。我衷心希望本书的出版能够达到启发和激发人们对该问题进行深入探讨的目的。

冯仲平，中国社会科学院欧洲研究所所长

前 言

对同盟关系的探讨一直是国际政治领域常议常新的重要课题。在美国外交政策研究领域,分析研究美国同盟战略、美国与盟友关系的著作和文章并不鲜见。学者对冷战后美国同盟体系的保持和变化的论述角度多元且十分出彩。欧洲是美国对外关系中历史最悠久、合作最深入的伙伴,因此美欧关系是研究美国外交、美国同盟战略的较好切入点。美欧结盟至今,二者同盟关系的跌宕起伏折射出美欧同盟战略乃至全球战略的调整变化,尤其是近年来,"特朗普冲击波"和拜登执政后的乌克兰危机,更是显露出美欧同盟的深层分歧与张力。

美欧同盟始于二战之后,北约的成立标志着美欧正式形成机制化同盟,本书将讨论美欧结盟后不断发展演变的内部困境。美欧同盟关系在冷战期间经历起伏,但基本保持稳定,同盟困境以传统的"抛弃""牵连"两难问题为主。冷战结束至今,美欧同盟困境发生新变化,虽然欧洲仍是美国最重要的经贸伙伴和全球事务伙伴，但欧洲对美国的战略价值持续下降，美欧同盟也因北约等机制的调整和转型而面临困境。

21世纪以来，从小布什、奥巴马到特朗普，美欧同盟关系的动态大致可分为战略惯性、战略转向和战略松散三个阶段。小布什在任期内经历了"9·11"事件，因而被动在欧洲周边维稳，但以伊拉克战争为标志的单边主义引发欧洲各国态度的强烈反弹，这一阶段同盟困境主要体现在认知层面的危机。奥巴马执政后虽重拾多边主义，但外交重心转向亚太，美欧关系实质上未能恢复如初。特朗普执政以来，美国对欧洲事务的投入持续下降，对欧洲的反应不再敏感，欧洲议题在美国外交决策中有被边缘化的趋势，美欧同盟关系的交易性上升，乃至进入更复杂的双向同盟困境，跨大西洋关系走向充满不确定性。拜登执政后，美欧关系迅速回温，跨大西洋关系似乎重焕生机，但美欧的结构性矛盾并未消失。

在百年变局的大背景下，新冠疫情暴发、特朗普执政以及拜登任内的乌克兰危机的持续发酵都导致美欧关系出现新变化、新调整。美欧同盟关系的变化及演进的方向是什么；美欧同盟困境在不同时代背景下有何变化；特朗普对美欧关系的冲击是暂时的还是持久的；这一轮美欧关系调整与此前又有何不同，这些困惑都是亟待回答的。

简言之，美欧同盟已经脱离传统意义上的"蜜月期"，进入"想离离不开，一起又别扭"的两难境地。随着两极格局的崩塌和经济全球化的推进，美欧同盟面临的挑战已不再限于一国一域。与此同时，同盟困境还制约了双方应对疫情冲击、恐怖主义、有组织犯罪、气候变化等全球性挑战的能力。"冰冻三尺，非一日之寒"，美欧同盟困境的形成与变化是国际权力格局变迁、双方内政外交政策变化、第三方因素等多方变量共同发挥作用的结果。如何研判美欧同盟困境的形成、发展与影响，成为国际关系研究中的重要课题。

本书旨在研究美欧同盟困境，包括其特征、形成要素及在不同时空背景下的演变和影响。冷战结束以来，美欧同盟经历了不同阶段的困境，在一些议题上的竞争与博弈态势日趋显著，同盟似乎有向新形态演变的趋势。美国如何管理同盟关系、欧洲如何应对新的态势、欧洲的"战略自主"应走向何方、美欧互动形成的同盟困境的机制及同盟是否仍具"生命力"等问题，都是值得研究的课题。

本书也丰富了关于同盟理论的案例研究。同盟理论在国际政治研究中已经相对成熟，现实主义、自由制度主义、建构主义三大主流范式对同盟的起源、特点、分类、结构、管理、功能等方面都有比较深入的探讨。国内外学界围绕美欧同盟尤其是北约的形成与发展进行了大量研究，不断丰富完善原有的同盟理论。

对同盟理论的研究已经深入同盟内部关系及其管理，而美欧同盟是近年来不可多得的好案例，可以作为典型对象细化研究。国际权力结构层面，多极化格局将加强同盟困境，而美欧同盟困境在新的历史条件下呈现出新特征。同盟管理方面，同盟主导方的政策将发挥更大作用，如何平衡同盟成本与同盟需求的两难将更能决定未来美欧同盟的演进方向。此外，美欧作为独立行为体的特点与互动也将影响这一同盟关系。本文将从理论层面上尝试论述、解释美欧关系的演变与限度，并用现有理论框架评估影响美欧同盟演变的变量，以实证反馈理论。

  从现实层面看，涉美研究则一直是国际关系研究中的重要议题，而美国同盟战略则是美国外交战略研究中的热点之一。加深对美欧同盟演变和困境的认识，评估美欧同盟的现状与前景，有助于进一步拓展对美国同盟战略的认识，也有助于我们更好地了解百年变局之下国际格局和大国关系的演进趋势。

目 录
Contents

01 CHAPTER 第一章
同盟与同盟困境

第一节　同盟 / *004*
第二节　关于同盟困境的理论 / *006*
第三节　国际格局与同盟困境 / *009*

02 CHAPTER 第二章
美欧同盟的形成与同盟安全困境

第一节　大西洋主义与美欧同盟 / *017*
一、大西洋主义 / *018*
二、美国的大西洋主义 / *022*
三、欧洲的大西洋主义 / *024*
第二节　美欧的两次战时"同盟" / *027*
一、第一次世界大战期间的战时联盟 / *029*

二、第二次世界大战期间的战时联盟 / *032*
第三节　冷战期间的美欧同盟与安全困境 / *038*
一、冷战与两极格局的形成 / *038*
二、两极格局下的美欧同盟安全困境 / *042*
三、美欧应对同盟安全困境的实践 / *047*

03 CHAPTER

第三章
两极格局瓦解与美欧同盟机制困境

第一节　两极格局的坍塌 / *065*
一、冷战后的国际格局变迁 / *066*
二、单极格局对美欧同盟关系及同盟困境的影响 / *070*
第二节　美欧的战略调整与"新大西洋主义" / *074*
一、美国的对外战略调整 / *074*
二、"焕然一新"的欧洲 / *079*
三、"新大西洋主义"与机制性合作 / *085*
第三节　美欧同盟的机制困境 / *090*
一、矛盾的盟友 / *090*
二、"法国方案"的失败 / *093*
三、欧洲追求战略自主与美国的反应 / *096*

04 CHAPTER 第四章
伊拉克战争与美欧同盟认同困境

第一节　单极还是多极？ / *109*

第二节　美欧同盟的认同困境 / *113*

一、集体认同与同盟关系 / *114*

二、美欧的认知错位 / *117*

三、"三观不合"：美欧对外战略文件比较 / *120*

第三节　美国"反恐战争"与跨大西洋分歧 / *130*

一、不受约束的单边主义 / *131*

二、美国对外政策的延续与调整 / *133*

三、"反恐战争"与美欧分歧 / *137*

05 CHAPTER 第五章
"特朗普冲击波"与美欧同盟成本困境

第一节　国际格局之变 / *149*

一、西方战略界对国际格局的代表性看法 / *149*

二、美欧官方对战略环境的定位 / *153*

第二节　"美国优先"与欧洲战略调整 / *159*

一、从"奥巴马主义"到"美国优先" / *159*

二、美国对欧政策调整 / *168*

三、欧洲对美国的"双重切割" / *173*

第三节　美欧同盟的成本困境 / *177*
一、美国维护霸权的成本困境 / *178*
二、欧洲战略自主与战略依赖的困境 / *183*
三、"大国竞争"与经济合作的同盟困境 / *187*

06 CHAPTER

第六章
拜登时代的美欧同盟："大西洋主义"全面回归？

第一节　新冠疫情与美欧同盟 / *193*
第二节　"拜登主义"与美欧同盟 / *197*
一、拜登政府对欧政策的调整 / *199*
二、"拜登主义"难消美欧同盟困境 / *205*
第三节　阿富汗撤军、美英澳同盟与美欧同盟 / *209*
一、阿富汗撤军与欧洲的"被抛弃感" / *209*
二、美英澳同盟（AUKUS）与欧洲的"战略清醒" / *212*

尾　声

一、冷战期间的美欧同盟安全困境 / *219*
二、冷战后十年的美欧同盟机制困境 / *220*
三、伊拉克战争爆发后的美欧同盟认同困境 / *223*
四、特朗普执政后的美欧同盟成本困境 / *226*

推荐阅读

中文 / *233*

英文 / *234*

后　记 / *236*

第一章

同盟与同盟困境

从者,合众弱以攻一强也;而衡者,事一强以攻众弱也:皆非所以持国也。
——《韩非子·五蠹》

现在同盟的唯一可靠基础就是双方都同样害怕对方。
——《伯罗奔尼撒战争史》

1848年，时任英国外交大臣的帕默斯顿子爵（Viscount Palmerston）曾说过，"我们没有永恒的盟友，没有长久的敌人。我们的利益是永恒且长久的，我们的任务就是追随利益"。相似地，2018年，时任欧洲理事会主席的唐纳德·图斯克（Donald Tusk）面对特朗普治下的美国，不禁感慨道："有这样的朋友（指当时的美国），谁还需要敌人呢。"国家结成联盟的基础是共同利益和目标，但帕默斯顿的结论和图斯克的感叹证明，同盟关系远比"同盟"这个词语复杂得多。

自同盟形成之日起，同盟困境就相伴而生。同盟困境是盟友面临的维系同盟关系和维护自我利益的两难处境，这种利益涵盖安全、经济、价值观、机制等多个领域。同盟困境并不必然导致同盟崩溃，而只是指同盟在不同时期对单位利益和集体利益的平衡两难。同盟困境随同盟的诞生而出现，但同盟在不同时期所面临的核心困境并不相同。

那么，究竟是什么因素决定了同盟在不同阶段所面临的困境？本书认为，国际格局的演变决定同盟的核心困境，困境的本质是在不同的国际权力结构下,同盟双方愿意牺牲自身利益而维持同盟团结的程度不匹配,在这种情况下,同盟的张力将经受考验。这也是美欧同盟关系演变的重要推动力。

第一节 同盟

同盟（alliance）。①学术界对"同盟"的定义不尽相同,但一般将其认定为国家应对外部变化所采取的政策手段或者某一类国际组织。阿诺德·沃尔弗斯（Arnold Wolfers）将同盟定义为"两个或更多主权国家之间做出的相互给予军事援助的承诺"。格伦·施奈德（Glenn Snyder）将同盟与"联合"（alignment）比较,认为相比联合,同盟是更为正式的关系结构。斯蒂芬·沃尔特（Stephen Walt）的定义则更宽泛,认为同盟是指"两个或更多主权国家之间正式的或非正式的安全合作安排"。同时,任何同盟都应具备一些标志性特征,包括彼此承诺针对外部行为体给予军事支援,这种承诺要么是正式的书面承诺,要么是非正式的临时协议,要么是口头承诺或联合军演。但沃尔特也提出,同盟与其他形式的安全合作有诸多重

---

① 中国学界对"alliance"一词的翻译一般为同盟或联盟,本书如无特殊说明均采用"同盟"这一译法。

要区别，比如，对手国家之间达成的军控协议或实行的信任建设措施并不算同盟关系，因为并没有涉及对彼此防卫的承诺。总之，无论定义多么不同，多数人对同盟是什么形成了一些共识：第一，同盟的主体是主权国家；第二，多数同盟的主要目标是凝聚各个盟友的能力，拓展各自利益，尤其是为了实现军事和安全目标；第三，同盟主要是针对第三方威胁而组建的。

联盟（coalition）。施奈德还区分了同盟与联盟，认为同盟主要形成于和平时代，而联盟常常形成于战争年代。相比同盟，联盟缺乏许多政治功能，比如对攻击的威慑、对盟友的约束等。埃德温·菲德尔（Edwin Fedder）将联盟定义为"在某一时间段一组成员在一个或多个议题上的协调行动"。

协约组织（Entente）。罗伯特·卡恩（Robert Kann）区分了同盟与协约组织的区别，认为协约伙伴之间不存在坚实的承诺。只有当大家拥有共同利益时，协议才变得有意义。一些秘密的、意识形态方面的问题会在同盟条约里很好地体现，但在协约关系中并非如此。总之，协约组织是国家间更加松散的联合。

美欧同盟。本书将采用"美欧同盟"这一表述来形容美国与其欧洲盟友的关系，而不采用"跨大西洋同盟"这一更为宽泛的表述。一方面，跨大西洋同盟的概念不够具体，可指大西洋两岸具体国家之间、国家与国家集团之间、国家集团内部之间的关系，比如北约盟友之间的关系、加拿大和北约的关系、加拿大和欧盟的关系、美国和欧盟的关系、德国与美国的关系等。另一方面，在美欧同盟的定义中，"美"的定义相对明确，而"欧"所指代的却有可能是地缘意义上的欧洲、政治意义上的欧盟或者欧洲各国。本文不会对美欧同盟关系中的"欧"作具体区分，而是将"欧"看作一个对应美国的整体，其既包含主要的欧洲国家，也包括作为欧洲一体化成果的欧盟。在这种定义下，本书探讨的美欧同盟是以北约为基础的美欧军事、政治和战略同盟。

同盟困境。本文所用的是同盟困境的宽泛概念，不仅包括"两难"的情况，也包括美欧同盟在历史发展中面临的多元挑战和分歧。其核心矛盾在于，美欧既想维持同盟关系，但又不甘心为此过多付出或向盟友过多妥协。双方都在同盟的集体利益和各自的单方利益之间寻求平衡，因而陷入困境。但为梳理同盟困境的相关理论，在下一节中仍沿用较为狭义的"同盟困境"概念，且不替换成"同盟两难"的概念。

第二节 关于同盟困境的理论

同盟困境在传统国际关系理论中是一种较为狭义的描述，是安全困境的一种更为具体的表现形式。困境的英文为dilemma，但实际上英文中的 dilemma 一词对应的更为妥当的中文翻译为"两难"。"困境"一词更笼统，而不只表示两难选择。安全困境指的是在无序体系中，即使各国没有攻击他方的意愿，也没有任何一方可以确保其他方的意图是和平的。由于没有国家可以得知另一个国家积蓄力量的意图是否纯粹出于防御需要，各国都必须假设对方是有意发动攻击的。在这一推断下，各方都必须扩张自己的力量以与其他方的实力相匹配，结果各方都会陷入"不安全"的恶性循环。

  传统意义上的"同盟困境"包含两层意思，一是盟国为了保证自己不被盟友抛弃而努力贴靠，证明自身价值，与此同时，盟国又担心自己被盟友牵连进一场自己并不想打的战争或者冲突中去。"牵连"和"抛弃"成为一组矛盾，一旦为了减少遭到"抛弃"风险做出决策，遭到"牵连"的风险就会上升，反之亦然。二是盟国可能出于担心被抛弃而努力强化与盟友的同盟关系，这一举动反而会引发对手更为强烈的敌意和对抗，加剧紧张局势，但如果弱化同盟关系，又可能让对手得寸进尺。按照施奈德的观点，国家扩展实力有三类方式：军备博弈、敌我博弈和同盟博弈。其中，同盟博弈又可被划分为两个阶段。初级阶段发生在同盟形成的过程中，遵循的是多人的囚徒困境逻辑；次级阶段则是结成同盟后可能出现的同盟内安全困境。而与本书研究相关的主要为同盟博弈次级阶段所产生的同盟内部困境，其核心问题不在于结盟过程中的困境，而在于结盟之后一方在具体的利益冲突场景下是否能倾尽全力协助盟友,即盟友之间选择"合作"还是"背叛","合作"意味着在冲突场景中强支援,"背叛"意味着在冲突场景中的弱支援或不支援。

迈克尔·曼德尔鲍姆(Michael Mandelbaum)在分析核武器对国际政治以及同盟关系的影响时提出了两个概念,即"抛弃"(abandonment)和"牵连"(entrapment)。曼德尔鲍姆认为,盟友之间可能因为各种事情争吵,但最核心的争执或摩擦在于是否会为了盟友而战。盟友之间关于为对方一战的承诺存在两种风险,一是同盟无法发挥作用,盟友在需要另一个盟友帮助时遭到抛弃;二是同盟作用发挥得太好,盟友被另一个盟友拖入一场不愿介入的战争。

牵连意味着为保护盟友的利益而被卷入冲突,而这一利益往往是被卷入方不太在意或者只是部分在意的。这在本质上是由于同盟各方的利益不会完全一致,或者在关切程度上有所区别。曼德尔鲍姆举了大量历史案例说明这一困境。如在修昔底德撰写的《伯罗奔尼撒战争史》中,当城邦科西拉(Corcyra)提出要与雅典结盟时,科西拉的敌人科林斯人(Corinthian)警告雅典,一旦与科西拉结盟就会遭到"牵连":"你们会迫使我们一视同仁,尽管你们并没有参与他们(科西拉)的错误行径。"此后事情的发展也正是如此,虽然雅典尝试限制对科西拉的同盟承诺,但还是陷入了与科林斯的对抗。第一次世界大战的惨痛经历同样是一个例证,英国、德国、俄国和法国被实力较为弱小的盟友拉入战争。施奈德还进一步提出，同盟中，一方越是依赖另一方尤其是实力较强一方的承诺，牵连的风险就越大。此外，同盟被"抛弃"的案例也并不少见。修昔底德在书中记载，科林斯请求无动于衷的盟友斯巴达履行与他们一起对抗雅典的义务："你们的无所作为已经导致足够多的伤害。请履行帮助盟友，尤其是波蒂迪亚（Potidaea）的承诺，并立即进攻阿提卡（Attica）。不要让你们的朋友和同族落入仇敌之手。"一战期间，英国和法国就抛弃了昔日的盟友捷克斯洛伐克，眼睁睁地看着盟友最终被德国吞并。

尽管如此，盟友之间并不一定会同等地对"抛弃"和"牵连"产生忧惧。军事实力更为强大的一方更担心"牵连"，而弱小的一方更担心"抛弃"。正如冷战期间以北约为基础的美欧同盟，欧洲更担心其赖以生存的美欧军事和政治同盟关系在关键时刻失灵；而美国比起同盟失灵，更担心同盟作用发挥得太好，以至于将美国拖入一场其不愿发起的核战争。

第三节　国际格局与同盟困境

尽管"牵连""抛弃"言简意赅地抓住了同盟安全困境的精髓，但也必须看到，这样的同盟困境局限于具体的冷战时空背景，忽略了同盟在安全问题以外可能遇到两难困境的可能，无法解释类似于冷战期间中苏同盟在意识形态领域的核心困境，更无法解释在冷战后美欧同盟核心困境不再是安全困境时的新现象。因此，本书对同盟困境一词的使用将从国际关系理论中的安全困境出发，包括但不限于类似冷战期间的"抛弃"和"牵连"两难，也泛指美欧双方既要维持同盟但又存在多种矛盾和冲突的困境。简言之，同盟困境与同盟关系相伴而生，是盟友面临的维系同盟关系和维护自我利益的两难处境，这种利益范围包括安全、经济、价值观、机制等多个领域。

同盟困境随国际格局变迁而变化，在不同的权力体系下，同盟本身的动力和目标都会发生不同程度的变化，从而影响同盟困境的内容与程度。比如，不同时期的美欧同盟困境有所不同，如冷战期间是典型的安全困境，冷战后则在不同阶段有不同核心内容。

学界对两极格局的定义和论述较为清晰一致。两极格局一般指二战后权力在国家间的分配状态，这种向两极分布的权力格局激化了美国和苏联两个超级大国彼此之间的敌意。而对于21世纪出现的多极格局，学界和战略研究界关于其出现时间和相关特征都有较多争议，包括"一超多强"时代、"零极"时代、"无极"时代等概念层出不穷。除了探讨较多的两极格局与多极格局外，在两种格局之后曾出现过以美国为主导的单极格局过渡状态。单极格局意味着一国在国际力量结构中在各方面占有领先优势，美国学者查尔斯·克劳萨默（Charles Krauthammer）亦将其称为"单极时刻"，"时刻"一词也体现出相对两极以及多极格局的持续性，单极格局的时间较为短暂。按照克劳萨默的定义，美国的单极时刻建立在其在军事、外交、政治和经济领域具有的绝对优势之上，美国可以随心所欲介入世界任何地方的冲突。从时间跨度上看，美国学界普遍的观点是单极格局从苏联解体的20世纪90年代初延续至21世纪头十年的中期。在2008年的金融危机后，学界还掀起了针对单极格局是否仍存的争辩。一些质疑"单极格局说"的学者认为，随着中国和欧洲的崛起，美国尤其在经济领域无法维持单极格局，如法里德·扎卡利亚（Fareed Zakaria）提出"后美国世界"的概念，认为除了军事领域，全球在工业、金融、社会以及文化领域的权力都在从美国向其他国家转移。

在探讨两极以及多极格局下的同盟关系时，学者普遍认为追求均势是国际格局对同盟关系的主要影响，新自由主义学派预测美国领导的同盟体系在这种格局下将面临更大困境，甚至走向崩溃，其他国家将会形成制衡美国的同盟。有学者提出，他国可能会采取"软制衡"的方式应对美国，包括以非军事方式"拖延、阻遏和破坏"美国的政策实施，而不是直接与美国对抗。但在实际情况中，实力较弱的国家更可能"见风使舵"。正如斯蒂芬·沃尔特所指出的，弱国比强国更容易"见风使舵"，因为弱国清楚自己难以对强国发挥制衡作用，因此会选择加入更有可能获胜的一方，这要么是实力更强的一方，要么是更具威胁性的一方。制衡实际上需要前提条件，即国家认为加入弱势一方制衡强势一方能够让体系中的权力分布更加均衡。

如果以美欧同盟为观察对象，上述理论也决定了同盟内部的稳定性在两极格局下要胜过多极格局。在冷战期间，即使不考虑意识形态、价值观等领域的因素，欧洲实力较弱，加入苏联制衡美国也难以在本质上改变均势，更何况欧洲认为苏联是更需要制衡的威胁方，但这并不意味着同盟困境在两极格局下不存在，双方要么"遭到抛弃"，要么"受到牵连"的两难困境并不因为同盟的相对稳定而完全消失。

单极格局下的同盟困境与两极格局、多极格局最为不同的特征是其从追求均势的矛盾转为同盟内部的管理矛盾。单极格局中，追求制衡霸主的成本大大上升，超级大国的惩罚能力让想要制衡的国家望而却步。因此，"见风使舵"将成为单极格局下的趋势。从超级大国的角度看，由于其与盟友的实力差距较大，超级大国维系同盟稳定的兴趣将大大下降。盟友对超级大国安全的贡献度几乎可以被忽略，因此超级大国更不愿牺牲自己的利益以维护同盟的团结，超级大国将更多依靠自身实力和资源应对外部威胁。换句话说，超级大国的战略目标将决定同盟的发展方向，而不是反过来。正如"9·11"恐怖袭击事件后美国国防部长唐纳德·拉姆斯菲尔德（Donald

Rumsfield）所说，任务必须决定联盟。超级大国利用同盟体系进一步在全球体系中拓展实力和影响力，但也必须承受盟国在安全和经济上"搭便车"的后果，而盟国为了防止被超级大国抛弃，尽管未必心甘情愿，但由于没有制衡超级大国的实力，也只能一定程度上配合超级大国的全球战略。因此，在单极格局下，由于实力差距的拉大，同盟内部矛盾既不是安全上的互相拖累，也不是制衡与反制衡，而更可能是在世界观、权力观等价值层面和同盟认同上的分歧。

具体到国际格局变化对同盟困境的结构性影响，国际关系学者也有一定论述，其中关于两极格局和多极格局的比较研究和从更宏观的角度对同盟困境进行观察和总结较为充分，而就单极格局对同盟困境影响的研究则较少。施奈德提出，两极格局比多极格局更有利于同盟管理，尤其是缓解同盟内部的困境。在讨论国际权力结构对同盟困境的影响时，施奈德认为，两极格局下，双方的盟友体系都相对稳固，因为体系没有提供足够的空间让盟友"叛逃"。对于同盟的主导方和跟随方，担心遭到"牵连"的情绪固然存在，但各自采取的"保持距离"的方式并不会提高同盟整体崩溃的风险。

在多极格局中，尽管各国有结成同盟的需要，但因为都想保留更换盟友的机会，所以通常希望尽量保持同盟承诺的模糊性，以防止当前的盟友变得欲求不满、提升结盟筹码或者干脆主动更换盟友。此外，保持程度较低的承诺也将增加各国向盟友要价的筹码。在多极格局中，同盟中的强国为维持优势地位，必然希望盟友能够多分担同盟义务，甚至不惜以"抛弃"同盟义务要挟盟友增加其防务开支承担自身以及同盟整体的安全义务。然而，这种做法也会导致盟友的独立意识和能力不断发展，最终反而制衡强国的优势地位，导致同盟陷入新的安全困境。因此，在多极格局下，同盟的稳定性将低于两极格局，这提升了同盟体系内部管理的难度，由此可以推断同盟困境的深度与广度也将进一步拓展。然而，现有国际关系理论对同盟困境的关注仍然聚焦于"抛弃""牵连"的安全困境，对于新的国际格局下其他领域的同盟困境着墨不多，这一课题值得继续深入探讨。

第二章

美欧同盟的形成与同盟安全困境

当我们拒绝被迫离开柏林时,我们向欧洲人民表明,在他们的合作下,当他们的自由受到威胁时,我们将采取行动,并坚决采取行动。
——哈里·杜鲁门

是的,是欧洲,从大西洋到乌拉尔,是欧洲,是整个欧洲,将决定世界的命运。
——夏尔·戴高乐

志同道合的理想与共同威胁的现实是美欧同盟关系形成的基础。大西洋主义（Atlanticism）或者跨大西洋主义（Transatlanticism）有很深的历史渊源，是支撑美欧在政治、经济、防务等领域合作、团结一致捍卫共同价值观的主要思想源泉。从国际形势与格局看，美欧通过历次世界战争和冷战形成了较为稳固的同盟关系，尤其在冷战期间的两极格局下，双方都将苏联当作共同的威胁，从而缔结军事同盟。然而，随着两极格局的变化以及美欧各自政策的调整，美欧关系也面临着同盟安全困境的挑战。

第一节　大西洋主义与美欧同盟

大西洋主义是美欧同盟形成与发展的思想基础。大西洋主义源远流长，但由于地区和文化差异，在美国和欧洲各地"势力"不一，其一般在和美国较为亲近的欧洲国家受到认可，如强调与美国保持"特殊关系"的英国和中东欧国家，在美国则主要被亲欧人士提倡。大西洋主义的思想在第二次世界大战期间达到高峰，并成功在二战后推动了"马歇尔计划"的实施和北约成立。经历一次次反复摸索后，美欧在大西洋主义的影响下形成了较为稳定的伙伴式同盟关系。

一、大西洋主义

大西洋主义的定义较为清晰，主要为支持大西洋两岸国家在各个领域团结联合的思想理念，与联邦主义（Federalism）有密切联系。大西洋主义有时也可指代跨大西洋安全架构。大西洋主义作为国际关系中的一种"主义"诞生于19世纪末期，其根源可溯至1492年后兴起的跨大西洋关系。1492年，意大利探险家克里斯托弗·哥伦布（Christopher Columbus）发起了跨大西洋的海上探险，首次发现了在旧世界政治和经济体系之外的美洲（图2.1）。

尽管大西洋两岸在物质层面有了首次接触，但仍然经历了漫长的过程才逐步形成建立在共同价值上的大西洋主义和大西洋共同体观念。这些价值构成所谓的西方文明，包括言论和结社自由、基督教信仰、罗马法、科学探索精神、理性科学以及对多元主义的包容等。在这一过程中，美欧思想观念互相融合，美国的立国之父大量吸纳了来自大西洋彼岸的洛克和孟德斯鸠的哲学观念，制定了美国自己的宪法，而美国的政治经验

图 2.1　哥伦布登陆

也被欧洲的法国大革命所借鉴。

大西洋主义在历史演变中曾出现一系列与美欧联合相关的观念和尝试。黛安·普法尔茨格拉夫（Diane Pfaltzgraff）在总结大西洋主义和大西洋共同体的概念性历史时列举了几个美欧联合的观念，其中三个较有代表性。一是联邦式联盟。克拉伦斯·斯特雷特（Clarence Streit）于 1939 年首次提出"西方民主联盟"的想法。斯特雷特认为，《邦联条例》(Articles of Confederation)[①]下的美国和一战后成立的国际联盟（League of

---

[①] 《邦联条例》是美国独立后，于 1777 年通过的宪法性文件，其中规定了最低程度的中央集权。——编者注

Nations）均告失败，是因为它们缺乏能够代表成员国的中央权威。因此，美国政治体系演化出的联邦制值得大西洋共同体效仿。

二战初期，斯特雷特呼吁大西洋国家应当像当年力挽狂澜的美国建国之父一样拿出行动的勇气，尤其是英国、法国和美国。战后，斯特雷特进一步阐释理想中的大西洋联邦，认为应当组建由各国代表构成的选区议会，共同处理政治、军事、经济和货币事务，成为名副其实的"多国"联邦政府。这样的想法得到了美国国会两院一些议员的支持，但相关议案均未获通过。如1949年参议员埃斯蒂斯·基福弗（Estes Kefauver）的议案提出创立大西洋联盟。这种较为激进的大西洋主义遭到一些人的反对，他们担心欧洲会因此失去独立性与身份。亨德里克·布鲁格曼斯（Hendrik Brugmans）提出，西欧国家并不愿意加入一个由美国主导的联邦，他们认为联邦制只会加强美国的霸权。加入大西洋合众国前欧洲必须首先联合起来。美国官方也因为类似的理由拒绝这一联邦，尽管美国致力于促进更为亲密的跨大西洋关系，但是只有当欧洲在实力上与美国相当并对与美国发展关系更有信心时，这样的大西洋联邦才有可能实现。

二是邦联式联盟。这种联盟较联邦更为松散，各国在有限领域内率先开展合作，然后再逐渐在涉及共同利益的领域内让渡主权。正因为本身没有太强的限制性，大西洋邦联对成员身份的要求宽松，成员范围可以放宽至经济合作与发展组织（OECD）成员或者北大西洋区域的工业民主国家。虽然相对第一种联邦制的大西洋联盟来说，邦联制更为务实，但在实践中仍然困难重重。

而作为回应苏联威胁的军事同盟组织，北约曾尝试转变为成员间具有共同政治目标的机制性框架，但这一进程步履缓慢。1962年，北约国家在巴黎举行大西洋会议，其间发表的《巴黎宣言》对大西洋共同体观念有重要意义，宣言呼吁：在最高政治层面成立高级委员会来协调、规划共同体事务；要求成立大西洋高级司法法院以处理条约下出现的法律争议；建议北约成员国政府成立特别政府委员会，规划在两年内建立真正的大西洋共同体等。

然而，大西洋共同体的理念依然不受欢迎，西欧国家担心在这样的框架内遭到"矮化"，只能成为美国霸主的配角。此外，法国戴高乐政府决定退出北约并要求与美英平起平坐，这些做法也削弱了大西洋共同体创立的可能性。与此同时，"欧洲人的欧洲"正不断成为欧洲各国的共识。

三是伙伴式同盟。大西洋主义在美欧的实践中未能形成理想中的联邦式或者邦联式联盟，相比之下，伙伴式同盟关系更能让双方接受。这种关系基于美强欧弱的现实，同时美国也希望欧洲能够更团结、强大，帮助美国分担全球责任。伙伴式同盟关系与之前联邦式或邦联式联盟的最大区别在于权力结构，伙伴式的权力结构是双边的，而另外两种都是多边的。

因此，在伙伴式同盟关系中，最大的问题就是"欧洲"到底指的是什么，欧洲共同体（European Community，以下简称欧共体）与北约中的欧洲国家并不完全重叠，而欧共体只是一个"偏科"的欧洲联合体，而非完整而团结的整体，因此无法成为美国对等的伙伴。大家对欧共体颇有期待，希望欧洲的联合最终能够从经济向政治和军事领域扩展。但尽管欧共体在经济和货币一体化方面取得巨大进展，在外交和防务政策的联合上仍存在巨大障碍。

伙伴关系中的另一大挑战是美国是否能真正接受欧洲成为一股独立力量，即欧洲成为传统的"大国"，拥有独立的对外战略，不再从属于大西洋联盟的整体利益要求。尤其是，一旦美欧之间在具体问题上产生分歧，原先的大西洋主义是否还能够支撑双方的伙伴关系？

二、美国的大西洋主义

美国自1776年建国后对外长期保持不干涉或不介入的立场，尤其注重与欧洲保持距离，不愿卷入欧洲大陆的权力冲突。在两次世界大战之间，美国外交政策被许多学者打上了孤立主义（Isolationism）的标签，学界认为孤立主义是美国未能加入国联、对纳粹反应不及时的主要原因。与孤立主义相反的是国际主义，国际主义的内涵十分丰富，大西洋主义是其中的重要组成部分。美国的国际主义始于大西洋主义,其主要表现就是介入欧洲事务,因此也遭到美国孤立主义者批评,他们认为这种做法背叛了1776年以来美国外交的遗产和传统。在这两种力量的影响下,美国的外交政策实际上一直在孤立主义和国际主义(大西洋主义)之间摇摆和徘徊,即使在20世纪20年代和30年代,美国外交政策也绝非单纯被孤立主义主导。到了20世纪40年代,以大西洋主义为主的国际主义则在美国对外政策原则中胜出。

美国外交中的大西洋主义的首次成功实践出现在19世纪90年代美英恢复友好关系时。两次世界大战后,随着美国被迫与部分欧洲国家形成战时联盟以取得胜利,大西洋主义从精英层面的讨论逐渐转为普罗大众的共识。

冷战期间,美欧和苏联的对峙让美国的大西洋主义进一步走向制度化,也让大西洋主义从战时联盟走向和平同盟,其生命力大大增强。这一阶段,美欧共同推出了一系列机制性安排,包括马歇尔计划、北约、经济合作与发展组织等,这些合作机制在全球事务协调和管理中发挥了重要作用,稳固了美欧同盟关系。但20世纪60年代之后,持续已久的冷战冲击了西方阵营的士气。而核武器也让西方陷入道德两难,捍卫自身安全和可能摧毁世界的风险并存,没有两全其美之策。这种变化也对大西洋主义造成负面影响,尽管多数公众仍然支持北约,但大西洋主义的思想开始在公众和学术界退潮。

冷战结束后，大西洋主义一扫阴霾，从两德统一、苏联解体中重获新生，西方不必再为可能摧毁世界而陷入道德两难。同时，大西洋主义从东欧国家汲取了新的力量。1994年后，北约开启东扩步伐，美欧试图以此证明北约不仅是冷战工具，也肩负着复兴大西洋主义的使命。然而，大西洋主义的发展仍旧波折不断，美国对敌对友都缺乏耐心，其对欧政策起伏不定。

自小布什政府开始，美国战略重心逐渐向亚太转移，欧洲在美国对外政策中的地位下降，这直接对大西洋主义的实践成果造成冲击。特朗普执政后，美国未能向欧洲传递维护大西洋主义的善意，导致欧洲掀起新一轮针对"大西洋主义"的辩论。而在拜登执政后，欧洲似乎又感受到了"大西洋主义"在美国的复兴。有观点认为，拜登是自克林顿之后继承了最多大西洋主义传统的总统，但也有悲观派认为，拜登恐怕是白宫最后一个秉持"大西洋主义"的总统。

三、欧洲的大西洋主义

欧洲的大西洋主义多出现在英国与中东欧国家。共同应对二战的需求让英美结成所谓的"特殊关系"。尤其是法国陷落后，英美同盟取代《英法协约》成为国际关系的主轴，冷战则让这个关系进一步稳固和升华。基于共同的文化、语言和历史，两国拥有较强的集体认同感和较多共同利益。这种大西洋主义的本质在于两国达成的战略默契，英国忠于美国，以此换得美国外交政策下的国际影响力。

大西洋主义在英国的历次关键决策中都发挥了极大作用，包括在美国未得到联合国安理会授权的情况下发起伊拉克战争时，英国派遣46000名军人协助美国，这一决定在当时遭到由首相托尼·布莱尔（Tony Blair）带领的保守党内部139名议员的反对。即使美国外交违背多边主义的理念，英国政府也不敢与美国分道扬镳，正如布莱尔所言，面对美国的单边主义，英国不应成为其对手，而应继续做美国的伙伴，因为英国的后撤不会让美国"变成多边主义者"。

在安全关系上，英国过于追求依赖美国的大西洋主义而牺牲了自己外交中的务实主义。英国议会在对"特殊关系"的质询中认为，英国对美国的态度"过度顺从"，甚至出现英国领导人向美国的情绪屈服让步的情况，因此议会得出结论，"英国与美国的关系应当主要由英国自身利益驱动"。尽管经历了一系列挫折、失望和付出，英国仍然极度依赖"特殊关系"，心甘情愿成为衬托美国的配角。在这种不平衡的跨大西洋关系中，选择了美国的英国因而常常在客观上破坏欧洲发起的可能有利于英国的一些倡议。

中东欧国家的大西洋主义主要源自其与美国的交往历史及其在欧洲谋求本国战略利益的现实需求。从历史上看，中东欧国家与德国、俄国、英国等国交往的过程充满曲折和苦涩，只有与美国的交往经验相对愉快和舒心,至少美国从未成为中东欧国家的外部威胁。

在中东欧国家眼中,其现代国家脱胎于一战后奥匈帝国的废墟并得益于美国总统伍德罗·威尔逊推行的理想主义外交政策,美国的价值观深深地影响了一些中东欧国家的开创者和领导人。之后,美国帮助欧洲在二战中战胜了纳粹德国,并在冷战中与欧洲并肩取得胜利。中东欧国家普遍将美国的战略视为结束冷战的重要因素,也是帮助中东欧国家在冷战后发展的重要原因。1989 年后,波兰、捷克、匈牙利等国的精英阶层都是欧洲大陆上较为亲美的人士,老布什访问这三国时受到了民众的热烈欢迎。老布什在《世界改变了》一书中也记录了访问波兰时的场景:

第二天,7 月 11 日,我们前往格但斯克吃午饭并发表演讲,这段旅程满足了我们的每一个期望,让我有机会更好地了解瓦文萨①……

午饭后,芭芭拉、我和瓦文萨一起前往列宁造船厂,我要在那里讲话。当我们接近现场时,瓦文萨看上去被人群的规模所震撼。"哦,我的天,哦,我的天,"他一直在用英语说。他说从来没见过这么多人。

---

① 莱赫·瓦文萨:1990—1995 年任波兰总统。——编者注

我在团结工人纪念碑前向广场上熙熙攘攘的人群讲话。进城的街道上有数千人，广场上估计有超过250000人。这是个激动人心的时刻，有成年男女在哭泣。到处都是对美国的善意：国旗、欢迎我的手写标语、表达美国和波兰友谊的标语，四处都是"V"字[①]……

正因为美国与中东欧的交往历史，中东欧对于美国的"自由""民主""共同价值观"等意识形态接受度更高，而西欧国家的类似理念在中东欧看来更像说辞。中东欧国家认为美国更愿意谈论"自由""朋友"和"盟友"，而西欧国家更喜欢谈论"稳定"和"利益"。出于历史原因，中东欧国家对大国的道义外交和理想主义更为警惕，但美国推广的"自由和民主"的理想主义外交却能得到中东欧国家的呼应。从更现实的角度看，中东欧国家认为加强与美国的接触也能够平衡英国、德国、法国等欧洲大国对中东欧的影响。

第二节　美欧的两次战时"同盟"

美国在独立建国之前是英属北美的13个殖民地，在历

[①] "V"字手势象征着胜利。——编者注

史、文化、宗教、语言等各方面都与欧洲有着血脉联系，其独立思想也受到欧洲启蒙思想的影响，二者在本质上同根同源。从美国建国后到19世纪的大部分时间里，美欧都处于对彼此"既爱又恨"的状态，美国不时卷入欧洲事务，包括从法国手里购买路易斯安那州、发表反对欧洲干涉西半球的"门罗宣言"等，双方的关系并不和谐（图2.2）。

图2.2 《门罗主义的诞生》(*The Birth of the Monroe Doctrine*)

但总体而言，美国牢记乔治·华盛顿（George Washington）在告别演讲中关于限制海外干预的警告，在后来的一百多年间，美国只是零星介入国际事务。两次世界大战期间，美国从袖手旁观到与欧洲部分国家结成战时联盟，对欧的均势政策逐渐融入更为宏观的全球战略中。冷战开启后，美欧出于对抗苏联的需要正式结成跨大西洋同盟关系。

一、第一次世界大战期间的战时联盟

19世纪与20世纪之交，美欧在经济上均处于世界领先地位，美国赶超欧洲的趋势明显。1880年，英国、美国、德国、法国、俄国和意大利几个工业国家的制造业产量占世界总产量的3/5，到一战爆发前的1913年，这个比例上升为2/3。此外，在这一时期，美欧在贸易和人口比例上也显示出不平衡（见表2.1），美欧的城市化发展遥遥领先。1900年，欧洲和北美分别有6个和3个城市人口超过百万，而拉美和亚洲各只有2个。

表2.1　1914年世界贸易和人口比例

地区	世界出口和进口	人口
欧洲	58%	25%（计入俄国后为32%）
美国和加拿大	14%	5%

数据来源：Rondo Cameron, *A Concise Economic History of the World*（Oxford University Press, 1993），p.324, p.340.

从美欧的对比看，美国在一战前已呈赶超欧洲强国之势，主导20世纪全球经济格局的架势呼之欲出。1913年，美国国内生产总值是英国、俄国的2倍多，是法国、德国的3倍多。从1900年至1913年，美国人均国内生产总值年均增长率为

2%，而英国只有 0.7%，德国和俄国为 1.6%。可以说，英国的经济霸主地位正受到全面挑战，但很少有人预测到欧洲在世界的霸主地位会因为战争迅速日薄西山，也鲜少料到美国会彻底改变对外尤其是对欧政策。美国在欧洲政治、经济、意识形态版图中的作用大大增加，美欧关系由此迎来新阶段。

同盟在一战的爆发和扩大中发挥了重要作用。同盟关系将德国与奥匈帝国绑定，后者之后向塞尔维亚宣战。而俄国和法国是塞尔维亚的盟友，因而也被拖入战争。当德国军队向法国进军时率先进入了比利时领土（图 2.3），这一行为又牵扯了承诺给予比利时安全保障的英国。美国在前 3 年并没有直接介入战争，因为美国政府认为欧洲的军事主义、独裁专政、帝国主义和均势政治是导致战争的罪魁祸首，美国不应该参与。然而美国对待欧洲战事时表现出的中立主义并不意味着毫无行动，其在 1917 年之前向英法提供了大量经济支援。1916 年，美国向英国和法国出口了价值 27.5 亿美元的战争物资，1914—1917 年，美国银行还向其提供了 23 亿美元的贷款。

然而，德国极具侵略性的海战以及企图将战火烧向美国"后院"的做法最终促使美国参战。1915 年德国潜艇击沉了英国客轮"卢西塔尼亚号"，128 名美国人丧生。这一事件迫使威尔逊总统不得不奋起捍卫航海自由，他认为美国的商业船只和平民遭到了德国攻击，而非战斗人员受到伤害是不可接受的。

1917年2月，德国外长阿瑟·齐默尔曼（Arthur Zimmermann）向德国驻墨西哥大使发去电报，指示说一旦德国和美国之间爆发战争，墨西哥应当加入德国一方，德国则会帮助墨西哥夺回在1847—1848年美墨战争中失去的领土。1917年4月，美国国会投票通过向德宣战的决议，威尔逊面向国会的讲话中饱含理想主义，表明美国参战是为世界民主而战，是为保护小国和它们的自由而战。随后，美国与英法联手，首次结成了大西洋战时同盟，带领战争走向结束，对战后的欧洲和国际格局都产生了深远影响。

图 2.3　1914 年德国士兵前往前线的照片

第一次世界大战有力地塑造了美欧关系,为未来以"美主欧从"为主要特征的大西洋同盟关系预埋伏笔。当欧洲陷入两败俱伤的内部混战时,美国在欧洲乃至全球范围内都取得了政治和军事优势。欧洲的生产和消费能力下降、贸易额萎缩、金融系统瘫痪,而美国不仅持续繁荣,还在全球经济秩序中得到了新的地位。总而言之,欧洲在一战中遭受的损害远远超过大西洋彼岸的美国,美国相比之下实现了一场成功的干预行动。从另一个角度看,一战也大大加强了欧洲对美国的政治、经济和军事依赖。只不过欧洲尚未彻底衰落,而美国也没有做好在欧洲或者全球担任霸主的准备。

二、第二次世界大战期间的战时联盟

(一)两战期间美国对欧洲的"半孤立主义"

正如前文论述大西洋主义时所言,美国在两次世界大战期间的对欧政策不能简单地贴上"孤立主义"的标签。孤立主义支持者最常举的例子是美国在一战结束后未批准《凡尔赛条约》因而并未加入国联。但实际上这与美国国会要求批准国际条约时需要超过三分之二的议员同意有关。就加入国联而言,参议院投票的结果是49(同意):35(不同意)。事实上,国会多数议员仍然支持美国与欧洲接触,甚至有一些议员支持美英法立即达成防御协议。同时,美国的公众态度也显示了美国国际主义的民意基础,174家报纸和35家杂志的调查显示,多数民众支持美国加入国联。

从行动上看,美国在20世纪20年代对欧洲的举措不能被完全归类为孤立主义,至多被称为"半孤立主义"。美国日益强大的经济辐射及其难以抑制的全球主义冲动使其在没有加入国联的情况下仍然在各个领域影响欧洲政治、经济和军事发展。美国并未放任欧洲自生自灭,确保欧洲的安全与稳定成为美国这一时期在欧洲的主要利益和政策驱动力。

首先,美国在塑造欧洲的安全架构上发挥了重要作用。1925年,德国意识到法国的不安全感,也担心法国和英国可能再次缔结安全条约,因此提议签署多边协议来确保边界安全,缓解邻国的不安。但德国、英国、法国随后各自提出的条件都无法让其他国家接受,冲突主要集中在德国的东部边界确定及德苏关系问题上。1925年5月4日,美国驻英大使阿兰森·霍顿(Alanson Houghton)发表了被称为"美国对欧洲和平的最后通牒"的演讲,演讲中他警告欧洲,只有确保和平与安全才能得到美国的贷款援助。在美国的推动下,德国、法国、比利时、英国和意大利于1925年12月签订了《洛迦诺公约》(*Locarno Treaties*),以确认战后的领土界限并进行安全保证。

其次,美国希望能够引导欧洲和其他地区的国家共同维护和平的潮流。1921—1922年在美国的牵头下召开了华盛顿会议,会上达成《五国海军条约》,限制了美国、英国、日本、法国和意大利的主力舰吨位比,是"现代历史上大国达成的首个裁军协定",也是美国政府应国会呼吁以裁军的方式避免欧洲和亚洲再次爆发新大战的主动作为。美国和其他国家还试图用签订国际条约的方式阻止战争,1928年由法国外长阿里斯蒂德·白里安(Aristide Briand)和美国国务卿弗兰克·凯洛格(Frank Kellogg)倡导的《非战公约》在巴黎签订,该公约规定不应把战争作为实施国家政策的工具。

最后,美国在二战前积攒的经济实力也为其介入欧洲做好了准备。1925—1929年,美国工厂制造了世界46%的工业产品;1929年,美国的出口量占世界总量的15%;美国工厂还开始在一些欧洲国家设立分厂。

而在欧洲,一些实力较弱的国家也已经开始以寻求同盟的方式抱团取暖,弥补国联的不足。1920—1921年,捷克斯洛伐克、罗马尼亚和南斯拉夫等中欧国家组成了"小协约国"(The Little Entente)以填补哈布斯堡王朝崩溃后的权力真空,并防止匈牙利卷土重来。"小协约国"还分别与意大利、波兰以及奥地利达成协议,以维护1918年的革命成果。

总之,20世纪20年代的美国并没有从欧洲大陆撤出,由于欧洲总体形势稳定,德国和苏联问题尚未露头,美国更多是反应式地处理部分议题,但其在事关欧洲经济及安全的重要议题上仍扮演了不可或缺的角色。因此,仅凭借未参与国联这一个指标就给美国外交政策扣上"孤立主义"的帽子未免片面。实际上，美国在国联框架外积极参与欧洲安全、经济相关的各项活动。

（二）法西斯主义崛起与美欧战时同盟

20世纪30年代，德国纳粹党的崛起并未引起美国的充分重视，美国更多将其视为与自由主义不匹配的意识形态。希特勒执政后，其野心逐渐暴露，但美国依然认为德国和其他国家一样，主要意图是恢复大国地位。此外，希特勒有关和平以及不干涉邻国事务的演讲也迎合了美国的心态。尽管之后希特勒宣传的意识形态让美国逐渐意识到其反民主的本质，但美国仍然坚信没有必要干涉，因为德国国力仍然较弱，对欧洲其他国家并不构成迫在眉睫的威胁。于是，德国重新武装莱茵河地区以及吞并奥地利等行动都没有引起美国的警觉。

之后，德国大举西进的行动终于扭转了美国民众以及政府对欧洲战事的认知。1940年5—6月，尤其在法国沦陷后，美国对欧洲事务的看法发生了巨大转变。德国的侵略势不可挡，而且已威胁到美国所支持的理念。到1941年，民调显示66.1%的民众支持援助英国而不是隔岸观火，到了1941年，支持者突破了70%。随后美国的官方态度也发生转变，从1940年开始，国会议员尤其是民主党议员中支持介入战争的言论逐渐增多。

美国明显增加了国防款项，1940年美国的国防费用拨款达到105亿美元，而1939年只有11.2亿美元；在欧洲，美国通过"驱逐舰换基地"的协议向英国提供战舰,两国科学家还在美国麻省理工学院秘密联合研究开发高频雷达技术等。1940年12月,罗斯福发表电台讲话,实际上已经为美国参战提供了理由。他表示轴心国正在想方设法控制欧洲、亚洲、非洲等地;此外,他还把英国的抗争直接与美国国家安全挂钩,声称英国是"抵抗德国征服的先锋"。

为反对法西斯主义,法国、波兰和英国在1939年9月1日结成同盟,在德国入侵北欧之后,荷兰、比利时、希腊和南斯拉夫也陆续加入,而苏联在1941年遭到德国入侵后也加入同盟。1941年12月发生的日本袭击珍珠港事件则让美国最终下定决心加入反法西斯同盟,与其他欧洲国家一起反击轴心国。1942年1月,《联合国宣言》(Declaration by United Nations)标志着反法西斯同盟正式建立。1942—1945年,共有47个国家签署该协议。

美国的加入壮大了反法西斯的力量,也成为轴心国战败投降的重要因素。但战时同盟中藏有隐患,尤其在战争即将取得胜利之际,冷战的阴霾似乎初见轮廓。战争期间,美国、英国和苏联成为欧洲战场抗击法西斯的"三巨头",控制着盟军的主要战略,但三者关系十分微妙。美英一直保持着"特殊关系",在《联合国宣言》达成之前,美英就在1941年8月发布了《大西洋宪章》,达成八项共同原则,表明双方对战后世界的前景看法一致。而美苏在战时的分歧就已预示战后的同盟分裂。苏联领导人认为西方盟友投入欧洲东部战争的时机过于滞后，没有及时缓解苏联面临的德国压力。三方对战后国际和地区格局的设计同样存在诸多分歧，分歧点主要包括国家主权和自决、国土范围和边境、战争罪和赔偿、势力范围的合法性等问题。在德国战后安排的问题上，三方一直以来难以达成一致，直到战争即将结束才同意三方共同占领德国，并在之后将法国拉入。在1945年2月举行的雅尔塔会议上，三方都做出妥协，因为彼此清楚彻底击败德国和日本才是同盟的首要任务。即使美英和苏联对彼此均有疑虑，双方在战后合作与东欧安排等问题上各有算计，但外敌当前也只能先顾全大局（图2.4）。

图2.4　1945年雅尔塔会议上的丘吉尔、罗斯福和斯大林（从左至右）

德国投降后,此前未能解决的德国和东欧的战后安排问题进一步刺激了美欧与苏联的互相猜忌与矛盾。加上美苏对全球秩序的矛盾看法、对国家安全的过渡延伸、相互竞争的意识形态和社会体系等多种混杂交织的因素,双方最终卷入冷战旋涡。

第三节 冷战期间的美欧同盟与安全困境

战争结束后,战争期间美苏积攒的不信任逐渐暴露,战时盟友在数年内就走上了对抗的道路。在二战后形成的两极格局下,为对抗苏联和社会主义力量,美欧很快以军事同盟的方式实现联合。然而,在冷战的两极格局下,美欧仍然面临"抛弃"和"牵连"的传统同盟困境,并通过调整各自的政策措施应对与化解。

一、冷战与两极格局的形成

1946 年,美英以及苏联的立场和认知都出现了对抗的苗头,以乔治·凯南(George Kennan)的"长电报"、英国首相温斯顿·丘吉尔(Winston Churchill)的"铁幕演说"以及尼古拉·诺维科夫(Nikolai Novikov)的电报为代表。根据凯南的说法,苏联领导人并未看到与资本主义民主国家和平共处的可能性，因此美国应当运用充足的军事和经济力量遏制苏联。丘吉尔则在演讲中公开抨击苏联"扩张"，称"从波罗的海的斯德丁到亚得里亚海的里雅斯特，横贯欧洲大陆的铁幕已经落下"。而苏联驻美国大使诺维科夫撰写的电报则与"长电报"的风格类似，只不过分析对象交换了。他在字里行间写满了对美国意图和动机的不信任，认为美国外交政策的战略目标是谋求世界最高地位，以领导世界，并对苏联采取强硬姿态。

凯南在"长电报"中写道：

苏联仍然生活在与其敌对的"资本主义包围"中，从长远看，不可能有永久的和平共处。正如斯大林在1927年对美国工人代表团所说：

"在国际革命的进一步发展过程中，会出现两个具有世界意义的中心：一个是社会主义中心，吸引倾向于社会主义的国家；一个是资本主义中心，吸引倾向于资本主义的国家。这两个世界经济中心之间的斗争将决定资本主义和共产主义在整个世界的命运。"

战后美苏之间充满怀疑，美国担心共产主义影响力扩大，因此指责苏联违反了雅尔塔协议达成的自决共识；而苏联则担心被美国领导的西方阵营包围，因而指责美国进行帝国主义扩张。在今天看来，这些言论和想法将对方的行为和意图简单化,解读得并不完全准确,但这些错误认知也反映出各国的焦虑和悲观。

1947年,美国陆续出台的"杜鲁门主义"和"马歇尔计划"以及苏联的后续反应给冷战局势火上浇油。1947年3月,美国总统哈里·杜鲁门(Harry Truman)在国会发表演讲,描绘了美国针对地中海东部国家的扩张性外交新政策。"杜鲁门主义"正式出炉。"杜鲁门主义"的背景是1947年2月,英国由于受到二战拖累,宣布在六周之内停止对希腊和土耳其的援助,而杜鲁门认为美国应当填补这一权力的真空。

杜鲁门在演讲中并未提及苏联,因为这并不是美国针对苏联行为所做的反应,而是先发制人的干预手段,这预示着新干涉主义将长期贯穿美国之后的冷战战略。从战略规模看,"杜鲁门主义"超越了"门罗主义",表明美国有意在战后接过英国的世界地位并成为西方的霸主。美国的势力范围已经从西半球拓展向全球。

苏联对于"杜鲁门主义"的反应还较为平静,但对"马歇尔计划"就截然不同了。1947年5月,美国国务卿乔治·马歇尔(George Marshall)提出向欧洲提供大量经济援助,以促进欧洲经济复苏并支持欧洲经济融合。苏联一开始认为"马歇尔计划"是美国为应对自身经济问题所推出的政策,美国通过援助欧洲可以获得更广阔的市场。但之后苏联的认知发生改变,将马歇尔计划视为"杜鲁门主义"的延伸,斯大林认为如果与美国合作,"苏联在东欧的势力范围难以避免遭到破坏"。

对于冷战爆发的根源,不同的历史学家有不同看法。西方传统主义学派认为,斯大林和苏联在二战后的对外政策是导致冷战的最大因素。这一派认为,二战结束后,美国采用防御性外交政策,而苏联采用进攻性或扩张性外交政策。后来美国逐渐认清苏联威胁的本质,因而调整了外交政策。他们还认为美国在战后倡导通过联合国组织建立各国都能接受的世界秩序并维护共同安全,但苏联并未严肃对待,只是希望拓展自身影响力并主导东欧事务。而苏联在伊朗、朝鲜半岛、越南等地的行为进一步让西方确定其扩展实力的野心,这逐步让美国坚定了在全球范围内反击的决心。

但另一派历史学家认为美国是冷战爆发更重要的原因。他们认为,二战结束后国际关系的格局并不是真正的两极格局,美国在战后经济实力异军突起,而且已经拥有核武器,相比之下苏联实力远弱于美国,其不仅经济遭受重创,而且军事上也未拥有核武器,因此苏联在战后初期的行为相当温和。随后美国发生的两个变化促使冷战爆发,一是美国更换领导人后,杜鲁门对苏联的态度远比前任总统罗斯福强硬,对日本使用核武器的决定也暗含警示苏联的意图。这些都引发了斯大林的不安,认为这是反苏行为。二是美国的资本主义经济和贸易在本质上要求政治扩张。美国必须确保安全和开放的国际经贸体系，才能避免20世纪30年代的大衰退重演，因此必须对欧洲实施"马歇尔计划"；也必须在日本、中东和南亚推行美国的经济政策。

不可否认的是，1949年北大西洋公约组织的成立让西方与苏联彻底走上军事对立的道路。北约的成立是北美与西欧12个国家的共同意愿。这一军事同盟的一个核心特征体现在北约宪章第五条，即任何一国遭到攻击，其他国家必须驰援；而另一个重要特征是其完善组织结构的速度极快。这也是美国对欧政策的重大转折点，美国首次与西半球以外的国家建立军事同盟关系。北约的建立标志着美欧关系的新起点。

北约的出现及发展刺激了苏联，以苏联为首的8个社会主义国家在1955年建立华沙条约组织，标志着美苏两极格局最终确立，双方正式开始通过冷战进行对抗。在此背景下，欧洲从1947年开始分化出两个阵营，成为两个超级大国博弈的核心战场，美欧同盟也随之出现一系列复杂的变化。

二、两极格局下的美欧同盟安全困境

首先，两极格局下的同盟结构要比多极格局更清楚。两极格局一般指的是二战后权力在国家间分配的状态，这种向两极分布的权力格局助长了美国和苏联两个超级大国彼此的敌意，但同时也限定了这种敌意，最终并未酿成又一次世界大战。简言之，两极格局可以解释东西方为何出现了"战"，但

又能保持"冷"。由于两极格局中缺少第三方的威胁,两个超级大国不存在彼此联合的需求,而会各自寻找实力较弱的国家向其提供保护,并将这种保护关系正式化为同盟。

在两极格局下,国家之间的关系较为稳固,因为国家的利益以及联合程度主要由体系结构决定。两极结构下,同盟成员的需求更多是应对共同威胁、实现共同利益;而多极格局下,同盟成员希望拥有更多"讨价还价"(bargain)的能力和灵活选择盟友的空间,这在两极格局下较少见。冷战期间,北约和华约的形成及对峙就是两极格局的结果之一。

其次,正如本书第一章所言,美欧在冷战期间的同盟困境源自传统的安全困境,主要表现为同盟结成后的内部困境,属于同盟层面的博弈。同盟层面的安全困境存在两个阶段,第一阶段发生在同盟缔结的过程中,第二阶段发生在同盟缔结之后,在此重点探讨的是同盟困境的第二阶段。国家结盟的主要成本是战争风险的增加和行动自由的减少,美欧同盟在冷战期间的核心困境具体表现为"抛弃"和"牵连"的矛盾,任何一方的消减都会带来另一方的增加。

同盟的两大重点是保持同盟的可持续性和共同应对敌手。美欧已经通过北约这一军事组织绑定在一起,并做出了可以为盟友一战的军事承诺,这给他们带来了两种可能的危险。一是如果盟友想要减少牵连的危险而没有遵守承诺,那么当某个盟友遭受同盟之外国家的军事威胁甚至入侵时,很可能会遭到其他盟友抛弃；二是如果同盟承诺十分奏效，那么盟友可能会被牵连进一场不想介入的战争，因为某个盟友可能会对敌采取更加大胆的行动。

冷战期间的美欧之间就存在这样的传统同盟困境，但二者对于"抛弃"和"牵连"的担忧并不对等。作为实力较弱的欧洲，既担心美国会在面临苏联攻势的时候"抛弃"欧洲，重新回归有限的孤立主义；又担忧美国与苏联的斗争会"引火上身"，因为欧洲对美国的约束力较弱。而实力较强的美国则不希望因为欧洲与苏联的摩擦而卷入与苏联的正面战争，甚至引发两个核大国之间的生死之战，在涉及需要盟友支持的具体问题上，美国也会担心遭到欧洲的"抛弃"，但美国与欧洲的实力差距导致美国被"抛弃"的担忧无法与欧洲等量齐观。

最后，传统同盟困境并没有让美欧在冷战期间分道扬镳，主要有两大因素。其一，结构性或体系性因素，即冷战期间美苏形成的两极格局对缓解同盟内部困境更有利。国际体系的无政府状态是促使国家结盟的因素之一，在国家结盟之后，体系的结构对同盟性质和同盟管理有重要影响。两极格局本身就比多极格局更稳定，在这一结构下的同盟也变得更稳定。两极格局下盟友之间"牵连"的风险大于"抛弃"，而"牵连"风险可以通过与盟友政策保持距离，或者限制盟友行为来缓和，因此，同盟的解体风险也降低了。

一方面，在两极格局下盟友叛逃的机会或者动机更少。

由于两极格局下不存在足以与两个超级大国抗衡的外部敌人，超级大国缺乏结成同盟的动力，而两边阵营中的国家也缺乏叛逃到对手阵营的动力或者因受到本同盟"盟主"的制约而无法叛逃。在上述情况下，国家对遭到抛弃的担忧降低，而即使盟友之间因担心受到牵连而拉开距离也不足以在两极格局下造成同盟破裂，传统同盟困境相比多极格局更弱。冷战期间的美欧同盟是两极格局下同盟更稳定的例子。欧洲虽然在理论上可以转投苏联，但由于苏联是欧洲安全的主要威胁，欧洲很难在别无选择的两极格局下"背叛"美国。

另一方面，在两极格局下同盟之间存在更强的依赖关系。在美欧同盟关系中，美国显然更为强势，欧洲更加依赖美国，但欧洲的这种弱势也因为保护欧洲服从美国的战略利益而在一定程度上被抵消。结构性因素对全球各个地区的同盟影响并不一致，如冷战期间中东地区的国家因为实力过于弱小，难以影响全球格局，其与哪一个超级大国结盟更多取决于意识形态以及是否能够从超级大国获得支持以对抗地区性对手。相比中东地区，国际格局对南亚和东亚的影响更为突出，在欧洲则最为突出，因为欧洲是美苏对峙的主战场，在这里两极格局的影响直接而深刻。

其二，双边因素，美欧双方都在不断有针对性地调整政策以缓解传统同盟困境。同盟形成后，盟友都会意识到同盟困境的存在，双方或者多方都会不断地进行内部"讨价还价"，各自希望将从同盟关系中得到的利益最大化，将风险和成本最小化，其中越是不依赖于同盟关系的一方"讨价还价"的能力越大。这种双边互动的意图不是削弱同盟稳定性，而是找到盟友各自的平衡点。

在跨大西洋同盟关系中，欧洲处于弱势地位，大体上只能接受美国对欧和对苏的政策。但一直以来欧洲对美苏关系的变化都心存矛盾。欧洲始终在担心美苏联合与美苏冲突之间摇摆，而无论是哪种忧虑，欧洲的反应都是向苏联示好。如在军控问题上，每当美苏军备竞赛紧张时，由于担心美苏爆发战争，欧洲就着力推动美苏达成裁军协议以缓和欧洲局势；但当美苏真正开启磋商谈判甚或达成协议后，欧洲又担心美国将它"抛弃"或者牺牲它的利益。

更重要的是，为了抵消被美国"抛弃"的可能性，欧洲走上了通过一体化联合自强的道路。战后实力更强的美国对同盟的需求小于欧洲，更能承受同盟崩溃的后果，因此在对外政策上的灵活度更大，而不必事事时时考虑欧洲的感受。相比之下，美国更在意的是不被欧洲拖入一场不必要的世界大战。因此，美国在冷战期间一方面不断调整对苏联的策略，如从艾森豪威尔时期的"大规模报复战略"到肯尼迪时期的"灵活反应战略"再到尼克松时期的"新和平战略"，美国的政策变化旨在减少被牵扯进大战的风险。但同时这加剧了欧洲对遭到"抛弃"的忧虑，而对盟友的安抚可以一定程度上减轻这一困境。另一方面，美国支持更为强大和团结的欧洲，以分担其在同盟中对抗敌手的责任，减少美国被卷入战争的风险。这表现在冷战期间美国支持欧洲一体化进程的政策上。

三、美欧应对同盟安全困境的实践

冷战期间美欧同盟长期存在"抛弃"与"牵连"的困境，但必须强调的是，由于欧洲是冷战的主战场，在两极对抗的格局下，欧洲遭到美国彻底"抛弃"的可能性极低。因而此处讨论的"抛弃"更多是部分利益遭到盟友抛弃。

美欧双方都会出现对"抛弃"和"牵连"的担忧，其程度与应对政策受到多方面因素影响。

一是外部威胁。同盟困境和敌友关系会产生互动。苏联的威胁是冷战期间影响美欧同盟困境的性质和程度的重要因素。如果欧洲认为苏联的威胁较为严重，那么欧洲主要的担忧就是遭到美国"抛弃"而不是遭到"牵连"，当美国及时安抚欧洲、重申同盟承诺时，欧洲的"抛弃"感就会相应减弱。而当欧洲认为苏联威胁较低时，欧洲就会更担心受到"牵连"，成为美苏大战的战场。相应地，美国的对苏战略同样会引发欧洲的担心，如果美国过于强硬，欧洲会担心自己受到"牵连"，而美国过于缓和欧洲又会担心变成牺牲品而遭到"抛弃"。

二是依赖程度。盟友对彼此的依赖程度也会影响同盟困境，依赖程度越高，"抛弃"或者"牵连"的风险和成本就越大。

三是战略利益。战略利益可以帮助盟友之间建立非直接依赖，美国和欧洲虽然远隔重洋，但是美国在欧洲有巨大的战略利益。美国需要欧洲保持稳定与繁荣并与其一同反苏，对欧洲存在非直接依赖。而当同盟成员在某项事务上的战略利益诉求大于其盟友时，该成员将更加担心遭到"抛弃"。

四是承诺性质。模糊的同盟承诺将增大盟友对遭到"抛弃"的担忧，但同时"牵连"的可能性大幅削弱。除了同盟协议外，在结成同盟后，盟友不断出台政策，宣示和强调同盟团结也能减弱同盟另一方对"抛弃"的担忧，这在冷战期间的美欧关系中并不鲜见。

（一）美国冷战政策调整与同盟安全困境

美国在杜鲁门执政时确立了对苏联的遏制战略，之后历届政府在这一战略框架下根据自身实力和国际形势调整对苏政策。这种调整同样对美欧关系及其中的同盟安全困境产生影响，美欧都在对方政策造成的"牵连"和"抛弃"的两难中游移，而同盟困境又促使美欧相应地调整政策。

美欧刚刚结成冷战同盟时，"马歇尔计划"和北约意味着美国的冷战政策重心处于欧洲，西欧等国并不担心遭到美国在同盟层面的整体"抛弃"。然而当美国的遏制战略逐渐向亚洲发力时，由于美欧绑定得十分紧密，欧洲开始担心因遭到

"牵连"而被苏联攻击。

美国则对欧存在非直接依赖,因此担心遭到一定程度的"背叛",即在亚洲事务上得不到欧洲的支持(这在程度上还构不成"抛弃")。1950年的朝鲜战争中这个矛盾表现得较为明显,欧洲担心美国在亚洲的战事会向欧洲"溢出"。1950年,美国国家安全委员会第68号文件强调了苏联的威胁,并将阻止共产主义全球扩张作为美国对外政策的首要任务,认为应当通过提升美国军事预算和增加对盟友的军事援助实现目标。在这一目标的引领下,美国将朝鲜战争视为苏联挑起的战事,认为这是苏联扩张计划的一部分。

欧洲虽然总体上支持这一看法,但由于欧洲在亚洲的利益牵涉较少,欧洲各国普遍更担心美国介入朝鲜半岛的战事将导致苏联在西欧采取进攻性行为,让欧洲遭到亚洲局势牵连。而欧洲的这一疑虑又让美国担心盟友难以全心全意支持美国相关对外政策,甚至担心欧洲可能采取一定程度的中立政策。

为了更好地安抚欧洲,赢得欧洲对美国在亚洲投入的支持,美国在两方面做了应对措施。一方面,希腊和土耳其在1952年比预期更早地加入了北约;另一方面,美国向欧洲派遣了更多军队,希望西方军事同盟能够阻止在欧洲的战争,美国政府还为此向国会申请了额外40亿美元的防务拨款。在朝鲜战争后,杜鲁门总统考虑到美国反应过激可能导致西欧遭到苏联攻击,因而排除了在战争中使用核武器这一选项,这一举动有力缓和了欧洲盟友对"牵连"的担忧。

20世纪50年代,美欧的同盟矛盾因为美国的政策和行动的差距、美苏军事实力对比的变化而再次凸显。艾森豪威尔政府提出"新面貌"安全政策,该政策强调应吸取朝鲜战争的教训,更好地平衡美国的冷战军事承诺与国家经济资源,为此美国需要更倚重战略核武器,既要遏制与苏联发生有限战争的可能性,又要威慑苏联阵营。1954年,时任国务卿约翰·杜勒斯(John Dulles)又在"新面貌"引导下提出了"大规模报复"战略,暗示美国已准备好在面对苏联的传统威胁[1]时以核攻击作为回应。

然而,美国在苏联1956年干预匈牙利革命时根本无法动用"大规模报复"手段,这难免让欧洲盟友质疑美国这一政策的有效性,而且苏联洲际导弹和人造卫星等军事科技水平的发展也削弱了"大规模报复"的战略优势。欧洲盟友依然将苏联视为最大的安全威胁,但由于欧洲军事实力较弱,只能依赖美国提供的核保护伞,因此美国的政策调整和走向对欧洲影响巨大。

美国的实际行动与其提出的"大规模报复"手段之间的差距让欧洲质疑美国保护欧洲承诺的可信度。欧洲担心倘若真的遭到苏联攻击,美国将不愿意使用核武器保护欧洲,以避免

---

[1] 传统威胁指针对国家安全的军事威胁。——编者注

受到牵连，遭到苏联的报复性打击。同时欧洲也有人担心美国的"新面貌"战略会削弱美国对欧洲的同盟承诺。但实际上，美国的政策调整是为了避免因盟友与苏联发生局部战争而受到大规模牵连。为了解决这一问题，英国和法国在这一时期开始发展独立的核威慑能力，以摆脱对美国军事保护的过度依赖。

理查德·尼克松（Richard Nixon）执政后，美国对外政策的调整进一步放大了欧洲对可能遭到盟友"抛弃"的担忧。尼克松走马上任时，国际环境相比杜鲁门执政期间已经发生了巨大变化。越南战争让美国看到自身局限性，美国在冷战初期享有的核优势不复存在，苏联的军事实力几乎与美平起平坐。

尼克松政府从20世纪60年代的形势变化中总结出两条经验，一是全球权力格局正发生转变。正如基辛格在1969年所说，美国面临的问题是，在过去10年里美国的战略位置日益恶化。在这种情况下，美国无法为世界秩序承担过多的责任。二是美国尚未针对新形势做出相应的调整。肯尼迪和约翰逊政府都未针对变化的国际形势合理调整美国的对外战略。越南战争又让美国失去了地缘政治灵活性，美国政策的比例失衡因此给了苏联可乘之机。

在这一背景下，美国开始推行与苏联的有条件缓和政策，其中将限制战略武器谈判、最惠国待遇等一系列问题挂钩，希望通过"胡萝卜加大棒"战术将苏联纳入美国可以接受的国际秩序。这一系列外交战略集中体现在尼克松于1969年7月关岛讲话时提出的"尼克松主义",讲话中清晰阐述了美国对盟友政策的变化,声明尽管美国依然履行同盟义务,但盟友面对军事威胁时总体上应当依靠自己的力量,美国仍将给予经济和军事援助,并且在需要时提供核保护伞。

这是尼克松政府对美国深陷越战泥潭后的反思,也是为了防止受到盟友"牵连"而做出的政策调整,这种调整也刺激欧洲加快了联合自强的脚步,或者至少发挥了"催化剂"的作用。尽管美国的这一政策是因亚洲战事而起,但对欧洲同样有的影响。尼克松希望欧洲盟友能够多承担同盟责任,鼓励法国总统乔治·蓬皮杜(Georges Pompidou)继续秉持"戴高乐主义"[①],并对他表示"只有两个超级大国"于各国无益,"我们需要在西方建立更好的平衡状态"。而美国于1971年废除金本位、结束布雷顿森林体系等行为在一定程度上也是基于"甩包袱"、让盟友承担更多经济责任的考虑,因为欧洲和日本在经济上已经崛起。

"尼克松主义"对欧洲盟友造成了冲击,欧洲认为美国对共产主义阵营推行的缓和政策很可能牺牲欧洲利益,欧洲对遭到美国"抛弃"的担忧上升,欧洲联合运动也因此得到了新的外部动力。而从另一个角度看,这也恰恰证明了美国为降低

---

① 戴高乐主义是由法国总统戴高乐提出的,主张独立自主的外交政策。这一政策的核心之一是联合欧洲,抗衡美国。——编者注

"牵连"风险而做出的决策助长了欧洲联合自强后"背叛"美国的可能性。美国对苏联和中国政策的变化让欧洲领导人意识到在世界秩序的变化下，推进欧洲一体化的必要性和紧迫性。

尼克松发表关岛讲话的四个多月后，欧洲共同体举行了海牙峰会，决心深化欧洲一体化。在峰会宣言中欧洲各国表示要实现欧洲的政治合作，以强化欧共体在大西洋同盟和国际事务中的力量。而尼克松政府于1973年提出"欧洲年"的说法时，也表示美国的同盟承诺应当基于更强大的北约及欧共体。在尼克松眼中，欧洲应当在世界上扮演更重要的角色，但前提是绝不能走上反美的方向。

（二）核军控与同盟安全困境

里根执政时期，美欧分别在军控议题上表现出的态度有代表性地体现了这一阶段美欧同盟的安全困境。整个冷战期间，核武器都让美欧陷入现实且严峻的同盟安全困境。在欧洲看来，如果美国信守对欧洲的安全承诺并对苏联实施核打击，那么欧洲作为主战场将面临毁灭性命运，尤其当苏联已经具备二次打击能力之后，欧洲更不希望美国轻易使用上述武器，他们希望美国形成一定程度的威慑即可。

同时，在军事层面，武器部署程度也牵扯到美欧同盟的政治关系，如果欧洲反对美国在欧部署相应的武器设备，那可能会使美国对其疏远，即部分地被"抛弃"。但如果欧洲全力支持美国的部署，那么可能会影响西欧与苏联缓和关系的努力，甚至遭到美苏冲突的"牵连"。在没有最佳选择的情况下，欧洲大体上能够接受的程度是美国在欧洲部署中程导弹。欧洲认为中程导弹既能一定程度确保美国对欧洲的战略保护，又能对冲苏联对欧洲的战略威慑。而核武器的存在则加剧了美国对"牵连"的担心，美国对北约的核保证有可能把美国拖入一场与苏联的核战争。结果是，担心被抛弃的欧洲会在一定程度上抵触限制美国核力量的军控协议；而担心被牵连的美国却希望达成能够限制两个超级大国核力量的协议。

欧洲在美苏磋商《中导条约》[①]时的反应充分体现了其纠结的态度。尽管大西洋两岸的领导人一致认同美苏协议和同盟团结都很重要，但在具体实践过程中往往发现二者矛盾重重。对欧洲来说，《中导条约》与其他美苏之间的军控问题一样，让欧洲既担心美苏达成协议后被美国"抛弃"，又担心美苏谈崩后被不断升级的军备竞赛"牵连"。

这种长期存在的同盟困境源自美欧对地缘政治的不同考虑。如果美国对苏联的威慑失败了，欧洲更愿意美苏的导弹互相攻击对方领土，而美国则认为在爆发战争的最坏情况下，战场在欧洲对美国更有利，因此在军控问题上取得的任何进展都

[①] 《中导条约》的全称是《苏联和美国消除两国中程和中短程导弹条约》，于1987年12月签署，1988年开始生效。条约规定，美苏双方将全部销毁和彻底禁止中短程导弹和中程导弹。——编者注

对这一困境有影响。对欧洲而言，美苏不和不打的状态最让其舒适。在这种情形下，美苏欧三方形成了一个包含同盟困境在内的"抛弃""牵连"三方困境（见图2.5）。

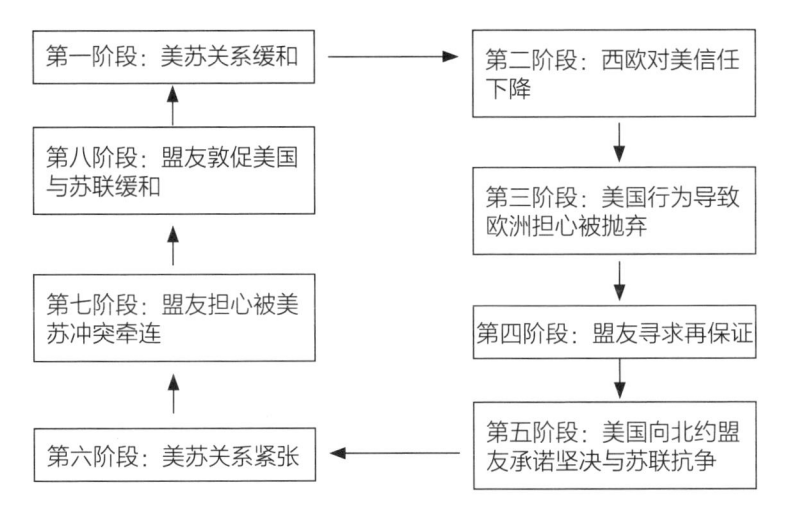

```
第一阶段：美苏关系缓和  →  第二阶段：西欧对美信任下降
        ↑                            ↓
第八阶段：盟友敦促美国        第三阶段：美国行为导致
与苏联缓和                    欧洲担心被抛弃
        ↑                            ↓
第七阶段：盟友担心被美        第四阶段：盟友寻求再保证
苏冲突牵连
        ↑                            ↓
第六阶段：美苏关系紧张  ←  第五阶段：美国向北约盟
                              友承诺坚决与苏联抗争
```

图 2.5 美苏欧三方的"抛弃""牵连"安全困境

里根政府推出《战略防御倡议》[①]后，苏联一度退出了与美国的军控谈判。美苏新一轮军备竞赛程度的加剧让欧洲盟友更加担心遭到"牵连"，对美国的分离倾向也更明显。同时，西欧国家加强了抱团联合，在法国总统弗朗索瓦·密特朗（François Mitterrand）的提议下于1985年启动了"尤里卡计划"，希望能够在尖端科学领域提高欧洲企业的国际竞争力。

---

① 《战略防御倡议》又称"星球大战计划"，是里根政府在20世纪80年代提出的反弹道导弹军事计划。——编者注

两德领导人还努力控制美苏关系恶化对东西德局势缓和的负面影响。

在美苏领导人 1986 年的冰岛会晤后（图 2.6），美国放弃对欧洲防务至关重要的中程核武器的可能性让欧洲盟友大吃一惊，特别是美国政府在会前并未与欧洲盟友沟通，欧洲又开始担心自身利益被美国放弃，包括英国首相玛格丽特·撒切尔（Margret Thatcher）和联邦德国国防部长在内的高官纷纷要求美国在与苏联谈判时必须考虑欧洲安全利益，法国总统密特朗和总理雅克·希拉克（Jacques Chirac）也抱怨美国在冰岛会晤前不与欧洲协商。英法都认为与苏联达成禁止弹道导弹的协

图 2.6　1986 年，戈尔巴乔夫与里根在冰岛会晤

议会削弱两国对苏联的威慑和使用战略武器的合法性，撒切尔强调了对苏联的不信任，表示不会在英国的威慑能力上做出妥协。英国和联邦德国更希望美苏达成的协议是温和的，既能推动军控进程，又不需要大规模削减军备。

美国自然意识到了欧洲盟友的恐慌，里根政府采取了一系列措施来安抚欧洲。一是明确在军控协议的具体问题上会考虑西欧利益，向西欧承诺与苏联达成的裁军协议会确保短程武器系统的平衡；二是从政策层面宣示不会在防务上与欧洲脱钩，并重申为了威慑苏联，强大的美欧同盟必不可少。

（三）欧洲一体化与同盟安全困境

在冷战期间的美国外交政策中不难发现，美国的政策调整主要以对抗苏联为目标，往往不会把欧洲利益作为首要考量，甚至认为在一定情况下欧洲盟友的利益可以牺牲。欧洲只能被动反应的重要原因之一是其实力与美国差距较大，同盟内部长期处于"美主欧从"的状态，欧洲利益遭到美国"背叛"的可能性远远大于欧洲"背叛"美国利益的可能性。

为了加强欧洲的整体实力，改变其在同盟中的被动地位，提升其在世界事务中的角色，欧洲开启了一体化进程。在存在苏联威胁的情况下，美国希望欧洲能变得团结、强大，以帮助美国分担同盟责任，减少"牵连"美国的风险，共同建设战后国际秩序。然而，由于同盟困境的存在，"牵连"可能性的减少将带来"背叛"风险的增加，因此美国长期强调欧洲一体化应当在跨大西洋同盟的框架下开展，更加团结一致的欧洲应当有助于维护美欧同盟关系，而不是增加欧洲"背叛"美国的底气和离心力。

二战之后，百废待兴的西欧国家很快意识到仅仅依靠自身能力难以迅速恢复元气，只有互相协助并且邀请美国提供支援才能重新跻身世界强国之林。除了在经济上相互依赖外，欧洲推动一体化也有政治上的现实主义考虑。欧洲的联合自强在冷战背景下开启，其目标包括平衡苏联和美国的影响力，以确保欧洲能够拥有相对独立自主的空间与潜力，包括可以在对苏政策上不完全跟随美国，在处理大西洋同盟关系时能有更多"讨价还价"的筹码，以自身实力的增加缓和"牵连"和"抛弃"的同盟困境。

而美国则放弃了传统的对欧洲"分而治之"的策略，在冷战期间对欧洲一体化大体持鼓励态度，其目的包括在欧洲推广美国模式、支持更加理性和高效的欧洲、减少美国同盟负担、遏制苏联等。

从同盟困境的角度看，一个实力较弱的欧洲却处于对阵苏联的前线，美国最担心的是欧洲盟友与苏联的冲突将自己拖入另一场世界大战。减少"牵连"风险要求美国不得对欧洲做出强有力的承诺，但减少承诺又会造成对抗苏联的西方阵营出现松散；扶持欧洲，让团结的欧洲承担一部分对抗苏联的重任成为美国化解同盟困境、凝聚同盟力量的方法之一。

美欧在一体化问题上达成了战略默契，只不过在欧洲一体化日益推进的过程中，美国的态度逐渐发生微妙变化。可见美国在欧洲一体化上有自己的目标和界限，联合的欧洲应当可以保护自己，但不能强大到威胁美国的经济和政治霸权，一旦欧洲在同盟关系中足够强大，美国就担心自己将遭到欧洲的"抛弃"。

冷战期间，美国在欧洲经济、军事以及政治的联合运动中发挥了重要的推动作用，但这种作用随着欧洲一体化的深入发生了变化，美国的作用大致可以被划分为两个阶段。第一阶段是从战后到1969年约翰逊政府结束，这一阶段美国完全支持在大西洋同盟框架下的欧洲一体化。二战刚刚结束时，欧洲遭受重创，尽管深知联合的重要性，但虚弱的欧洲没有做出实质性举动。1947年，美国政府的"马歇尔计划"旨在重振欧洲经济，这一政策刺激了欧洲一体化。1948年，欧洲建立了欧洲经济合作组织来管理美国的援助，为西欧各国提供合作平台，这也是欧洲国家联合迈出的重要一步。1949年以美国和西欧国家为主要成员的北约成立。一方面北约要求成员国在军事安全事务上合作，推动西欧国家走向共同的安全政策；另一方面北约的成立也加强了北美和西欧在军事事务上的合作。朝鲜战争让美国更加意识到欧洲军事联合的重要性。美国对欧洲防务共同体（European Defense Community）的支持，包括重新武装西德的决定成为这一时期美国对欧政策的基石。

1954年之后,欧洲防务共同体的失败、法国戴高乐政府的反美立场、美国和欧洲经济合作组织之间日益增加的贸易赤字都让美国不再那么直接地参与欧洲一体化进程,美国不再毫无保留地支持所有一体化计划,而是有选择性地支持能够促进大西洋同盟的项目。1962年,美国国务卿迪安·腊斯克(Dean Rusk)直截了当地表示:"美国的利益在于……联合的西欧在大西洋联盟的框架下与我们密切合作,确保我们的共同安全和亲密伙伴关系,承担在亚洲、非洲和拉丁美洲的共同责任。"

此后,随着欧洲经济实力的上升,美国逐渐失去对欧洲一体化的主导权,其目标转为通过支持一体化促使其向符合美国以及同盟利益的方向发展。这也是欧洲逐渐形成合力之后,美国担心自身利益遭到背弃的表现。

尼克松执政之后开启了美国冷落甚至质疑欧洲一体化的阶段,尤其是进入20世纪70年代和80年代后,国际格局不再是冷战初期那样极为清晰的两极格局,美国与欧洲经济共同体之间的经贸竞争日趋激烈,美国日益担心崛起的欧洲将背弃美国利益。尼克松政府指责欧共体的贸易政策不公平,认为其保护主义色彩浓厚的共同农业政策是导致美国对欧贸易赤字的主要原因。为了提升美国产品的竞争力,尼克松政府还采取了美元贬值的策略。

20世纪70年代后期,美欧在安全以及北约对苏联政策上出现分歧,同盟裂痕进一步加深。日益一体化的欧洲在经济上挑战了美国的同盟霸主地位,而美国无法接受。此后欧洲在70年代建立的欧洲货币体系(European Monetary System)以及80年代生效的《单一欧洲法案》(Single European Act)都引发了美国的疑虑。美国采取保护主义手段与欧洲竞争的方式也引起了欧共体的强烈不满。1980年美国与欧共体领导人在威尼斯峰会不欢而散,标志着美欧同盟关系的低谷到来,美国总统吉米·卡特(Jimmy Carter)认为与西德总理赫尔穆特·施密特(Helmut Schmidt)的交谈是其"与外国领导人最不愉快的一次(交谈)"。

里根执政后,随着欧洲经济实力和政治自信的提升,美欧的争执点已经不限于经贸领域,在安全议题以及东西方缓和问题上的矛盾日益突出。里根政府用怀疑的目光看待欧洲一体化,将欧共体视为"欧洲堡垒",对欧洲的"保护主义"措施极其烦恼。

老布什执政后,美欧关系才逐渐恢复,因为老布什意识到欧洲进一步一体化的趋势难以阻挡,美欧互相依赖也不可避免,因此不如接受现实,继续努力塑造或者影响欧洲一体化。还须强调的是,老布什十分清楚,冷战结束后加入西方阵营的中东欧国家必然需要外部援助,而美国已经无力再次提供一个"马歇尔计划",为了减少经济上的牵连,鼓励不断强大的西欧分担这一部分责任符合美国的利益。

两极格局的轰然倒塌给美欧同盟关系带来深远影响。老布什政府在 1990 年 11 月与欧共体达成新的《跨大西洋宣言》，希望推动建立更加团结的欧共体，且让其与美国保持更强劲和更正式的关系，而支持欧洲一体化也成为冷战后美国化解德国统一矛盾、稳定欧洲大陆的一个方法。

CHAPTER 第三章

两极格局瓦解与美欧同盟机制困境

在这一关键时刻，他们（美国士兵）正和阿拉伯人、欧洲人、亚洲人以及非洲人共同捍卫新世界秩序的原则和梦想。
——老布什

当欧洲和平时，我们的安全就会得到加强……我们共同安全的基石仍然是北约。
——比尔·克林顿

苏联解体是20世纪末影响国际格局最重要的事件，美苏对峙的两极格局顿时烟消云散。冷战后的美国高呼"历史终结了"，认为独霸天下的时代已经到来，亦有学者将这一阶段称为"单极时刻"。国际体系的剧烈变革对美欧同盟关系产生深刻影响，外部威胁的消失让美欧同盟从传统的安全困境转向新兴的机制困境。寻找同盟尤其是北约的目标和意义、实现适应新形势的同盟机制转型以及美欧之间出现的有限竞争成为这一时期美欧同盟面临的主要挑战。

第一节　两极格局的坍塌

苏联的解体标志着冷战结束，也标志着两极格局轰然倒塌。冷战后涌现出了诸多类似"单极时刻""一超独霸"的说法，但看似单极的国际格局背后也蕴藏着一系列新挑战和多极化的趋势。冷战后十年国际格局的变迁对美欧同盟关系产生了巨大而深远的影响。

一、冷战后的国际格局变迁

从体系层面看,国际格局一般可分为三类:单极、两极和多极。也有学者提出无极或者三极体系,但学界普遍接受的是前三类。单极的定义是一国在国际体系中能力极为突出,不受其他力量制衡。国内外学者对冷战的国际格局有着高度共识,认为其是典型的两极格局,美国和苏联的实力远远强于国际体系中的其他行为体,两个超级大国的长期集团式对抗维持了两极格局。

然而,虽然可以确定冷战结束后两极格局消失,但对于究竟转变为何种格局学界有一定争议。即使美国成了唯一的超级大国,这样的单极格局走向何方仍然充满不确定性,更何况还有学者认为冷战后的国际格局根本不是单极。正如罗伯特·杰维斯(Robert Jervis)所言,这样的权力结构十分古怪,"无法确定体系有几极。由于美国比最接近的竞争者还要强,所以是单极?从军事资源的分布看又是两极?联合的欧洲越来越强大,所以是三极?还是由于权力的分散,所以是多极?"

为了更好地对比国际格局的变化对美欧同盟关系的影响,本书认为冷战后十年中国际格局出现了由两极转向单极的时期,但这并不意味着美国在所有领域都长期保持绝对领先地位,国际格局碎片化的特点和多极化的趋势并存。在单极格局中,一国在军事、经济、文化等方面都在世界处于主导地位,也可以说是霸主地位。而在苏联解体后,美国成为主导的霸主,其实力明显优于其他大国,并且是现代国际历史上第一个在经济、军事、科技和地缘政治方面都领先的国家。

美国的"一超独霸"仍建立在大国合作的基础上,但美国的军事实力已经强大到可以在全球范围投射、介入世界上任何地区的冲突。1990年,美国单边介入海湾战争就是一个典型案例。即使如此,美国军事支出占GDP的比重相比冷战时期却在不断缩小,1960年是GDP的9.3%,1990年降至5.2%,2005年是3.7%。在经济领域,美国则按照自己设想的模式推动经济全球化,试图通过强化其他国家对美国经济的依赖成为"黏性大国"(sticky power),1990—2000年,美国对全球生产总值、制造业和高科技产业的发展贡献巨大。美国在许多战略行业强化了领先优势,而其主要经济竞争对手却都经历了10年的经济不振。在政治领域,美国同样掌握着主导权,在国际货币基金组织(IMF)、世界贸易组织(WTO)等多边机制中发挥关键作用,并且与欧盟、日本等经济体继续保持良好关系,在世界各个地缘政治要地维持盟友体系。而且,美国可以根据自己的需求无视国际准则,这一点在2003年的伊拉克战争时达到高潮。除了硬实力外,美国还在通过书籍、影视、音乐不断输出"软实力",这也是美国霸权的重要组成部分。

两极格局的结束不代表和平与稳定的必然出现，冷战后的国际秩序面临着新的挑战，包括美国在内的大国对此也并未做好准备。这些挑战首先表现为国家内部的族裔矛盾硝烟再起。冷战期间，多数国家认为种族主义已经是过时的概念，世界似乎都向着国际主义前进，种族主义运动似乎没有未来。然而在冷战结束后，在东欧、中亚、非洲和世界许多其他地区却都重现了基于族裔的政治运动，一时间国家内部冲突占据了全球武装冲突的大部分比重。

其次以宗教为名的冲突呈抬头趋势。以宗教为名的冲突已经取代冷战期间的意识形态冲突，宗教以一种特别的方式刺激了人们出于认同和身份政治的冲突和斗争，以宗教为标准划分"我们"对阵"他们"甚至比族裔更加泾渭分明。宗教上的宗教激进主义还与恐怖主义有一定关联，而恐怖主义则严重威胁了冷战后的国际和平，比如2001年发生的"9·11"恐怖袭击事件对国际形势就产生了深远影响（图3.1）。

单极格局也不意味着只有一个国家可以发号施令，而其他国家都自愿遵循其制定的规则，国际结构从本质上来说仍然缺乏一个能够统领各国的"中央政府"。两极格局的坍塌让更多国家渴望在地区和全球拥有更大的影响力，一些原本在两极格局下的盟友或伙伴逐渐成为彼此在某些领域的竞争对手。中国、欧洲、日本在经济、政治和文化上的发展，俄罗斯的大国抱负都让国际格局逐渐向多极化的方向发展。同时，以商品、

图 3.1　2001 年 "9·11" 恐怖袭击时，在世界贸易中心废墟的救援人员

人员、思想、文化的跨国流动为代表的经济全球化方兴未艾，美欧不再是全球交往网络的唯一核心。制造业和金融业网络在全球分布，一系列新兴市场国家和发展中国家不断崛起，改变着国际格局。

摆脱了冷战束缚的欧洲在政治和经济上都有了更好的发展条件，成为推动单极格局发生改变的重要力量。欧洲不断提出自己的愿景，持续推进经济、政治和文化项目，力争把命运掌握在自己手中。欧洲一体化也在这一时期取得进展，欧洲联盟的影响力和吸引力相比冷战时期大大提升，这既体现在地理范围上，也体现在更为宽泛的领域上——联盟开始从经济领域向政治、法律、文化等领域拓展。在国际公共产品的提供①上，欧洲也后来居上超越美国。

因此，国际格局在冷战后进入"单极时刻"的同时也呈现碎片化的特点和多极化的趋势。本章所使用的单极格局或者单极过渡格局只是描述这一阶段国际格局特点时较为讨巧的方法，美国虽然在冷战后处于国际体系的领衔地位，但单极格局的描述忽略了国际格局变动中的细节，只是观察冷战结束后国际格局如何塑造美欧关系的一个角度，并不能精确描述美欧在冷战后的实力转变和格局变迁。

二、单极格局对美欧同盟关系及同盟困境的影响

同盟得以形成的根本要素之一是共同面对外部威胁的需要，因而冷战之后单极格局的到来对同盟关系影响深远。外部威胁的消失将使同盟的政策选择发生变化，单极权力的分布特点也将导致同盟内部根据外部形势和各自政策展开新一轮"讨价还价"。但对于单极格局究竟会对同盟产生何种影响，冷战后的学界莫衷一是。有人认为单极格局将引发以北约为首的冷战同盟瓦解；有人预测其他大国会联合起来遏制美国霸权；还有人认为其他国家因实力不济而难以组成遏制美国的联盟，最终只能选择跟随美国。总而言之，在冷战后的十年中，单极

---

① 国际公共产品指的是国际秩序、自由贸易和国际和平机制、全球发展计划等能使许多国家受益的公共产品。——编者注

过渡格局下美欧同盟的最大困境就是寻找同盟的意义和新的相处模式，二者必须在这一过程中面对关系中的矛盾。

单极格局对同盟影响的特点首先体现在对霸权国和较弱国产生的影响不同。对于霸权国而言，单极格局意味着更大的行动自由，因为不用担心会有任何实力相当的国家反对自己。在冷战期间，美国的一举一动不得不考虑苏联因素，为了回避与苏联爆发毁灭性战争，美国在处理地区冲突时会更加小心谨慎。

同样，在单极格局下，美国作为霸权国对待盟友的心态和政策也会发生变化。在冷战的两极格局下，美国尽管已经是同盟中的主导国，仍然面临"抛弃"和"牵连"的两难困境，需要确保西欧盟友不会抛弃自己转而倒向苏联。苏联解体后，两极格局结束，最大的外部威胁消失，美国对盟友的需求下降，因而有更大单独行动的空间。而且即使需要盟友，美国也可以挑选不同的盟友伙伴，两极格局下国际体系对盟友关系的制约大大减弱。因此，美国在单极格局下倾向于和意识形态接近或者愿意跟随自己的国家结盟，并更愿意以临时联盟或者双边合作的方式推进自己的外交议程。

然而，无论是盟友还是竞争对手，都会担忧霸权国走上单边主义。盟友既担心自己对美国过度依赖，也担心美国行动自由度提升后，此前所做出的同盟承诺可能失效。在单极格局下，美国在冷战时期面临的"抛弃""牵连"困境被削弱，而同盟中较弱的一方则更有可能遭到"抛弃"。

在单极格局下,唯一的超级大国组建的同盟的目标和意义也将发生转变,从追求均势和应对威胁的联盟转向管理权力的工具。这种权力的管理是双向的,对于同盟中的超级大国而言,同盟成为更好地分配国际职责的工具,同时也便于及时扼杀企图制衡超级大国的力量。对于同盟中较为弱势的一方而言,同盟是与超级大国搭伙从而获得利益的途径,与其结盟不再是为了共同的目标,而是为了从唯一的超级大国身上获得经济、军事和政治利益。

冷战期间,应对外部威胁是同盟的主要目标,相比之下,冷战后同盟战略目标转换为管理权力,更加具有不确定性。给同盟造成威胁的目标将变得更为多元,不仅包括国家行为体,还包括非国家行为体。失去了两极格局的体系压力,同盟中的盟友都将努力争取行动自由和利益最大化,其行动不再由对威胁的恐惧驱动,而是由对可得利益的期待驱动。

单极格局下均势同盟转向权力管理同盟的过程让以超级大国为首的同盟关系具有以下特征。一是超级大国的安全承诺逐渐松散,同盟内部对威胁的看法分歧变大。在后冷战时期的美欧同盟关系中,由于缺乏冷战时期的明确敌手,美国不会像之前那般重视欧洲,对欧洲的安全保障也不如以往。因此,欧洲进一步追求安全与防务的一体化进程,并不是要制衡美国,而是担心美国提供的安全保障不足。

二是超级大国通过维持同盟关系防止潜在挑战者或实力相当的同盟出现。尽管在单极格局下，其他国家大多选择跟随超级大国，但制衡力量仍然存在。欧洲在经济实力上已经对美国构成潜在威胁，但美国通过同盟的方式向欧洲提供安全保障，降低欧洲挑战美国的可能性。

三是超级大国可以借助同盟分散维持国际秩序的职责。在北约中，"搭便车"难以避免，实力较强的同盟方总会承担更多责任。然而，超级大国可以通过同盟鼓励盟友多承担维持国际秩序的责任。如果没有同盟机制，这种责任摊派将更为困难。超级大国的海外行动可以从盟友处得到军事和后勤支持，以降低自己付出的行动成本，而且在战后重建过程中，盟友也可以在区域范围内发挥更大作用。

四是较弱的盟友仍然可以借助同盟关系加强安全合作，获取自身缺乏的资源。由于美国是单极格局下的超级大国，同盟关系为欧洲提供了从美国获得军事、情报、后勤等各方面资源的制度性渠道，而欧洲如果想在短期内自给自足则需要投入大量资源。

五是实力较弱的盟友可以影响超级大国的决策。由于美国政治体制的开放性，与美国结盟的较弱盟友也可能通过同盟的制度化安排影响美国政府。尽管这种影响力未必能转化为实际政策结果，但仍然让盟友比非盟友更有可能改变美国的政策。

第二节　美欧的战略调整与"新大西洋主义"

单极过渡格局下的美国气势如虹,但开始时美国仍然保持战略克制状态,同时极力向外推广自由民主模式。老布什和克林顿政府先后提出"新世界秩序"以及推出"接触和扩大"政策,目标都是维护他们眼中美国的全球霸主地位,延长"单极时刻"。在冷战结束后的10年间,不受外力束缚的美国更加肆无忌惮地联合盟友发动了多场海外军事行动。

这一时期的欧洲仍然需要美国,在很大程度上是因为美国的军事存在能够防止欧洲大陆回到竞争和冲突的时代。波兰、匈牙利等东欧国家普遍担心俄罗斯对其安全利益造成损害,急于留住美国并争取早日加入北约。由此逐渐演化出与"旧欧洲"不同的更为"亲美"的"新欧洲",这预示着过渡期结束后美欧将爆发更大矛盾。

一、美国的对外战略调整

(一)老布什政府:"新世界秩序"与战略克制

老布什执政的4年中,美国的对外战略处于过渡期。苏联解体是在老布什任期内发生的最重要的国际事件。尽管美国为首的西方世界一直盼望着苏联解体,但苏联真正崩溃时美国还是大吃一惊。海湾战争的胜利似乎预示着美国可以根据应对威胁的具体需求切换同盟组合,这种外交上的灵活度是冷战期间其所没有的。但美国外交新时代的到来并不意味着威胁的减少，相反，美国面临的新威胁与冷战时期大不相同，也更难理解。新时期里"威胁"和"国家利益"的概念相比冷战时期发生了巨大变化。

实际上，早在1990年，老布什就希望通过阐释"新世界秩序"这一概念，打造一个追求限制进攻性武器、提升集体安全、促进大国合作的战略框架。1990年9月11日，在伊拉克入侵科威特1个月后，老布什在演讲中首次提出"新世界秩序"的概念：

> 今天，我们处于一个独特而非凡的时刻。波斯湾的危机虽然严重，但也为我们提供了一个走向历史性合作的难得机会。在这个动荡时代，我们的第五个目标出现了——建立一个新世界秩序：这将是一个没有恐怖威胁的新时代；这个时代在追求正义方面更加自由，在追求和平方面更加安全。这是一个世界各国，包括东方和西方、北方和南方，都能繁荣共存、和谐相处的时代。多少代人都在寻找这条难以实现的和平之路，在人类努力的过程中，也爆发了千场战争。今天，这个新世界正在艰难诞生，这个世界与我们所熟知的截然不同。因为这将是一个法治取代丛林法则的世界。一个各国都承认对自由和正义负有共同责任的世界。一个强者尊重弱者权利的世界。这是我与戈尔巴乔夫总统在赫尔辛基达成的共同愿景。他和来自欧

洲、海湾地区以及其他世界各地的领导人都明白,我们今天如何应对这场危机,将决定我们未来几代人的命运。

老布什的"新世界秩序"是美国试图在冷战刚结束时保持战略克制的表现,并不是想挥霍"单极时刻"的美国霸权,但这一战略设想最终在20世纪90年代中后期逐渐破产。

美国的战略克制其实是出于战略界的三大假设:秩序、合作与和平。具体来说,首先,冷战的结束将导致更加可控的国际环境出现。其次,其他国家将尽心尽力帮助美国分担管理世界的责任。最后,在全球化时代,战争与和平的问题将让位于经济议题。

美国冷战后乐观主义的典型表现之一是弗朗西斯·福山（Francis Fukuyama）的"历史终结论",福山认为自由民主国家已经超越历史,战争因而成为不可想象的,只有在有限情境下仍深陷历史的国家才会面临战争。这种论调与强调民主国家之间不会爆发战争的"民主和平论"互相印证,进一步强化了美国推广民主制度的决心。

以克制求合作是老布什"新世界秩序"外交的基础,这并不代表避免世界上所有冲突,而意味着在合作的框架下处理国际治理的问题。"新世界秩序"的本质是美国以承诺不滥用霸权并且在一些问题上不刺激盟友为筹码换取盟友的全面支持。然而,老布什政府的克制战略是有限克制,这一战略的目标仍然是确保美国的单极霸权。这一点在 1992 年《纽约时报》披露的美国国防部《国防规划指导》(Defense Planning Guidance) 中得以体现。文件提出美国的首要任务是确保国际体系内不会出现像苏联一样足以挑战美国主导地位的国家,"我们必须维护足以阻止潜在竞争者在地区或全球范围内发挥更大作用的机制。"这意味着美国的战略目标之一是阻止任何国家在欧洲、东亚或者中东取得地区性霸权。这不仅针对俄罗斯和中国,也针对任何其他可能出现多极格局的情况,甚至包括防止盟友在经济或者军事上赶超美国。

(二)克林顿政府:从战略克制到战略示强

克林顿执政后延续了前一届政府的战略克制政策。克林顿政府推出"接触与扩展"政策,其本质就是想以扩展战略取代冷战时期的遏制主义,乃至不断培养新的"民主国家和市场经济国家"。克林顿政府在 1996 年发布的《国家安全战略》报告中也直言不讳推广民主制度的重要性:"我们提升自身安全、促进经济繁荣、推广民主制度的目标是相互促进的……民主国家更不可能威胁我们的利益,而且更有可能与美国合作。"美国的精英还相信,在单极霸权结构下,其他国家都会选择与美国合作,这为多边主义提供了条件。全球化创造了新的挑战,如核扩散、传染病、全球变暖等,多边主义尽管有时会束缚美国,但也能够为美国分担维护全球秩序的责任。因此,推动国际合作成为推广民主制度之外冷战后美国对外政策的另一个重要目标。

克林顿政府提出的"接触"这一战略概念则意味着通过机制化的共识实现目标，而不是通过物质上的威胁或者胁迫。"接触"战略旨在建立与各国在本质上兼容的安全目标，构建合作关系而不是对抗关系。《国家安全战略》报告在提及"接触"时主要强调的就是多边合作的重要性，明确提出无论美国多么强大，"都无法独自实现这些基本目标"，美国面对的威胁和挑战"需要合作以制定多边的解决方案"，"接触"战略的核心是"维持和适应与世界关键国家间的安全关系"。

克林顿政府一开始还认为，全球主义能够减少冲突发生的可能性。只要一个国家深度融入国际体系，接受跨国资金、技术和信息，这个国家就很难运用武力手段对付体系中的其他国家。美国需要用武力应对的可能只有第三世界国家，而且只需运用少量武力配合高科技军事手段就可以应对。

冷战的结束以及对国际环境的重新认识一度让克林顿政府将重心转向了经济领域。1990—1998年，美国的军事预算逐年下降，从4097亿美元降至2967亿美元。与此同时，克林顿还在1993年成立平行于国家安全委员会的国家经济委员会（National Economic Council），协调涉及经济的国内外政策，将经济与安全置于平起平坐的地位。

克林顿政府一开始认为没有什么挑战足以撼动美国的世界领导地位，因此直到经历了海地、波斯尼亚的危机后，美国对外政策才发生了新的转变，从战略克制重新回到战略示强。以美国为首的北约干预科索沃危机成为美国对外政策转向强硬的分水岭。新的对外政策与之前相比风格迥异，不同之处主要体现在三个方面。其一，在应对波斯尼亚危机时美国让联合国和欧盟承担责任，直到最后才介入，但在科索沃危机的一开始，美国就领头介入。其二，美国抛弃了多边主义，不再向联合国安理会寻求行动的合法性，而是直接通过北约进行干涉。其三，轰炸南联盟成为海湾战争后美国规模最大的军事行动。北约对南联盟进行了近三个月的轰炸，出动了约1000架战机，其中超过三分之二属于美国。

二、"焕然一新"的欧洲

冷战的结束让欧洲的政治和经济版图都发生了翻天覆地的变化，两极格局对欧洲自主性的束缚被彻底打破。欧洲承认美国是冷战后最强大的国家，但并不希望国际格局长期保持单极，认为全球化浪潮会推动国际格局朝着多极化方向发展，也支持在世界范围内推动有效的多边主义。

在这一背景下，欧洲不断发出自己的声音、描绘自己的愿景，推动自己的经济、政治和文化项目，希望把命运掌握在自己手中。同时欧洲不断推进一体化进程，在冷战后陆续推出一系列机制和政策，欧盟合作的覆盖范围也在不断扩大。欧洲联盟从冷战期间的经济一体化设想逐步迈出步伐，到冷战后其合作范围已经向政治、安全、外交、文化等领域拓展。尽管关于欧洲身份认同的争论依然存在，但冷战的结束让欧洲更有条件成为一个独立于美国和大西洋共同体身份认同的政治实体。这些都对欧洲与美国在冷战后 10 年的相处之道提出挑战，也为 21 世纪初大西洋两岸出现的身份认同困境埋下伏笔。

（一）欧洲一体化加速前进

冷战结束后，欧洲一体化的不断推进促使欧洲将有利的外部条件转化为内部发展的动力，包括创立一系列新机制、实施一系列新政策、发展一系列新成员。其中有些举措在冷战结束前就已在酝酿，终于在冷战后开花结果；还有一些是欧洲在国际格局变化后趁势而为。欧洲经济一体化更加迅速、政治合作更加广泛，欧盟成员国范围向东拓展，这些都增强了欧洲独立自主的行动能力，让欧洲得以在国际舞台发挥更重要的作用。

实际上，在 20 世纪 70 年代布雷顿森林体系瓦解、美欧分歧日益显现后，欧洲一体化就开始加速。1985 年 6 月 14 日，5 个欧洲国家签订《申根协定》，致力于逐步废除成员国之间的边境，建立共同的外部边境。1986 年 2 月 17 日，9 个成员国签署《单一欧洲法案》。2 月 28 日，丹麦、意大利和希腊加入，开启商品、资金、人员和服务自由流动的内部市场建设。

冷战结束后，欧洲一体化持续加速，共同外交与安全机制意味着成员国间的合作更进一步，欧洲作为国际社会中的一支力量不断壮大。1992年正式签署的《马斯特里赫特条约》(简称《马约》)或称《欧盟条约》标志着一体化又迈出坚实的一步，这一条约要求在欧盟内部建立统一市场，为政治一体化铺路，并提出最迟在1999年1月18日发行统一货币。在安全与外交领域，《马约》还将"欧洲政治合作"升级为"共同外交与安全政策"，与"欧洲各共同体"和"刑事领域警务与司法合作"[①]一起成为欧盟的三大支柱。"共同外交与安全政策"的核心目标是捍卫欧盟共同价值观、根本利益和独立自主，保护欧盟及其成员国的安全，维持和平以及加强国际安全，促进国际合作，发展和巩固民主和法治，尊重人权和根本自由。

为实现这些目标，成员国需要进行系统性合作并且"共同行动"。1992年6月26日至27日，在《马约》正式执行前，欧洲理事会召开会议，会议发布的报告详细列出了欧盟关注的地缘板块，如中东欧（包括欧亚地区）、巴尔干半岛、阿拉伯马格里布联盟和中东地区、跨大西洋关系（包括美国和加拿大）、非洲、拉美、加勒比地区和亚洲等。1994年，欧共体正式将名称改为欧洲联盟（简称欧盟），奥地利、芬兰、瑞典

---

① 刑事领域警务与司法合作是欧盟三支柱中的第三支柱。在2003年之前，它被称为司法与内政合作。——编者注

成为欧盟新成员。1998年,欧洲中央银行成立,2002年欧盟15个成员国采用欧元作为通用货币。

在这一时期,东欧国家迫切希望加入欧盟,以获取广阔的市场、技术和资金,对于这些国家而言,欧共体/欧盟相比美国,是地理距离更近的发达经济体。但是东扩并不是欧盟的首要任务,欧盟东扩进程缓慢,主要原因在于东欧国家想要加入欧盟则必须满足政治稳定、民主、市场经济等一系列条件,还必须接受成为欧盟成员国后应承担的责任和义务。直到2003年,捷克、爱沙尼亚、匈牙利、拉脱维亚、波兰、斯洛伐克、斯洛文尼亚、塞浦路斯和马耳他等东欧国家才加入欧盟;2005年,保加利亚和罗马尼亚也成为欧盟成员。

(二)欧洲认同

欧洲一体化的推进也逐渐滋养出欧洲对自己的身份认同。对欧洲身份的认同在欧洲各国程度不一,但至少一体化和欧洲大陆内部的文化交流让美国对欧洲身份的影响远不如冷战之前的岁月。《马约》提出了一个新的法律概念——"欧洲公民权",目的是让欧洲人对欧盟产生更多归属感和认同感,正如条约所言,"建立欧洲共同体标志着欧洲一体化进程中的新阶段……致力于深化各国人民的团结,同时尊重各自的历史、文化和传统……为欧洲人民更紧密的联盟奠定基础"。

《马约》还将一些新的政策领域置于欧盟管辖之下,包括教育、青年、文化、消费者保护和公共卫生等,欧盟拥有了更多权力，以干预民众的日常生活。欧盟还陆续推出了一系列纪念性的节日和文化活动，以强化民众对欧洲联合的认同，包括"欧洲周"、"欧洲文化月"以及一系列"欧洲年"（European Year），推出"舒曼计划"[①]的 5 月 9 日则被官方确立为"欧洲日"。

为了更好地促进身份认同，欧洲理事会还试图在信息政策方面下功夫。1993 年，维利·德克拉克（Willy De Clercq）领衔的小组向欧洲理事会提交报告，对欧洲共同体的信息和传播政策提出了建议，认为欧洲的公共舆论是多样的，未来蕴藏着风险，尤其是"各国经济、政治和文化情况不同，其对未来的期待天差地别。拥有欧洲归属感的（成员国）凤毛麟角，欧洲认同还没有深入人心……负责建设欧洲的机构不能高高在上，必须接近民众，就像母亲一般关怀'欧罗巴'的孩子"。报告还提出必须用正确的方式与民众沟通，所有的欧洲公民都必须确信欧洲联盟及其机构的工作都是为了公共利益，尤其是女性、青年、记者、编辑、商人、政客、官员等，这样将有助于民众明确自己的欧洲身份。

衡量欧洲认同的最好方式是民意调查，能直观体现民众

[①] 1950 年 5 月 9 日，法国外交部长舒曼发表了一项声明，建议把德法两国的煤钢生产置于一个其他欧洲国家都可参加的高级联营机构的管制之下。舒曼计划开启了欧洲后续的一系列融合进程。——编者注

是否认同自己为欧洲人。表 3.1 是一份 1999 年 10—11 月欧盟民意调查的结果，在接受调查的欧盟 15 国中，除卢森堡外，认为自己只是欧洲人的受调查者比例都小于 10%；但与此同时，多数人认为自己至少有双重身份，既是本国人也是欧洲人。从认同欧洲人身份的角度看，在 8 个国家中有多数人某种程度上认同欧洲身份，分别为：卢森堡（72%）、意大利（71%）、西班牙（63%）、法国（59%）、比利时（57%）、荷兰（55%）、奥地利（50%）、德国（49%）。在其他 7 个国家中，大多数受访者更认同自己的国家身份。

总体来看，冷战后公众对欧洲身份已经具备了一定认同基础，但认同本身也会受到一些突发事件的影响，如希腊人在 1999 年认同国家身份的比例相比 1998 年上升了 10%，一种可能是科索沃战争触发了希腊民众的反欧盟情绪。

表 3.1 欧盟 15 个国家对欧洲以及国家认同的百分比

国家	认同百分比（%）				
	只是本国国民	先是本国国民再是欧洲人	先是欧洲人再是本国国民	只是欧洲人	差值
卢森堡	23	41	11	20	49
意大利	26	56	9	6	45
西班牙	31	53	6	4	32
法国	39	48	7	4	20

续表

国家	只是本国国民	先是本国国民再是欧洲人	先是欧洲人再是本国国民	只是欧洲人	差值
比利时	41	42	8	7	16
荷兰	44	49	5	1	11
欧盟15国	45	42	6	4	7
奥地利	47	42	5	3	3
德国	48	37	8	4	1
葡萄牙	52	42	2	2	-6
爱尔兰	53	38	4	3	-8
丹麦	56	37	3	3	-13
希腊	60	38	2	1	-19
芬兰	61	35	3	1	-22
瑞典	61	32	4	2	-23
英国	67	24	3	3	-37

注：差值=有欧洲认同的比例减去只有本国认同的比例。
数据来源：标准欧洲晴雨表，1999（*Standard Eurobarometer* 1999）。

三、"新大西洋主义"与机制性合作

冷战的结束对跨大西洋关系产生了深刻影响，以对抗外部威胁为主要目标的同盟需要寻找新动力。与此同时，美欧开启了新一轮制度化跨大西洋同盟关系的进程,希望以此确保同盟关系的平稳过渡。20世纪90年代,美欧达成了一系列新的制度性安排、发表了一系列政策宣示,"新大西洋主义"下的同盟关系步入力求制度性合作的机制调整期。

第一个拓展和机制化美欧同盟关系的重要进展是1990年美国和欧共体签署的《跨大西洋宣言》(*The Transatlantic Declaration*),其试图超越美欧原有合作领域及框架。宣言的主要内容为:第一,确认一系列共同目标,包括支持民主和法治、维护和平以及国际安全、推广市场原则;第二,美欧共同致力于应对跨国挑战,尤其是恐怖主义、违法毒品交易、国际犯罪、环境保护,防止核军备、化学和生物武器以及导弹技术扩散。第三,为新型跨大西洋政策合作与协商搭建框架,主要措施为启动双方高层政治会谈,包括一年两次的美国总统与欧洲理事会和欧盟委员会的主席级别对话。尽管整份文件并没有特别突出的亮点,但可以看出美欧都想推动冷战后大西洋同盟关系制度化,而且超越以往的传统安全议题合作以及传统的北约合作框架。

然后是《新跨大西洋议程》(*The New Transatlantic Agenda*)。1995年12月,美国总统克林顿与欧盟委员会主席雅克·桑特(Jacques Santer)和欧洲理事会主席费利佩·冈萨雷斯(Felipe Gonzales)签署了《新跨大西洋议程》。议程明确了美欧同盟的四大优先领域。第一,在世界范围内推动和平与稳定、民主和发展。美欧致力于促进欧洲的稳定与繁荣；推动中东欧与俄罗斯、乌克兰等新独立国家的民主和经济改革；确保中东地区的和平；推动人权；提高防扩散能力并在发展与人道主义救助方面开展合作。第二，应对全球挑战。美欧将共同打击国际犯罪、贩毒和恐怖主义；解决难民和无家可归之人的需求；保护环境以及应对疾病。第三，拓展世界贸易，巩固经济关系。美欧共同加强多边贸易体系，采取具体和实际的步骤以建立大西洋两岸更加密切的经济联系。第四，打造跨越大西洋的桥梁。大西洋两岸的商人、科学家、教育者和其他人将借此加强交流沟通，让未来美欧的民众都能致力于美欧不断发展的全面平等的伙伴关系。

《新跨大西洋议程》对美欧同盟关系意义重大，因为其目标是将冷战期间协商式且以贸易为导向的跨大西洋关系升级为拥有更广泛议程的同盟关系，进一步深化美欧在全球的共同政治和经济目标。同时，《新跨大西洋议程》通过加强官方联络和人文交流促进政策协商与配合，把双方官员、公民社会代表以及政治领袖"锁定"在层层叠叠的交流机制中。不难看出，美欧在冷战后都怀有极大的雄心和愿望，希望美欧同盟能够顺利适应新的国际形势，成为真正的全方位同盟，从冷战时"大西洋主义"催生的防御性同盟走向更具进取心和塑造力的全球性同盟。然而，《新跨大西洋议程》并没有把北约列入四大重点领域，只是强调北约仍然是跨大西洋安全制度的核心，是北美和欧洲不可或缺的连接,这使美欧安全关系有了更多不确定性。

在经济领域,克林顿政府对外经济政策趋于强硬,其针对日本汽车零部件采取的保护性政策让一些国家担心美国正在抛弃多边贸易,商务部也极力推动促进美国出口的战略。欧洲无法不受这一战略的影响,克林顿政府第一任负责国际商务的助理国务卿杰弗里·加藤(Jeffrey Garten)提出的"全欧商业战略",目标就是增加美国与西欧和东欧的贸易量。部分欧洲国家如临大敌,认为国内企业的市场主导地位遭到了美国的挑战。但美国对欧经济政策具有特殊性,此后美欧经贸关系仍然以合作为主,美国强硬的贸易政策并没有构成美欧同盟矛盾的主要方面。

美欧试图推动的新机制安排,在重重阻力下也取得一定进展。1995年,美国除了与欧盟签订《新跨大西洋议程》,还签订了"行动计划",开启包括"跨大西洋商业对话"在内的一系列合作机制。《新跨大西洋议程》还创立了"新跨大西洋市场",以拓展大西洋两岸的贸易渠道、投资机会和工作岗位。这一计划是想超越世贸组织框架下的安排,进一步扩大市场开放程度,但却遭到倾向保护主义的法国等国家的反对。

为了向"新跨大西洋市场"注入更多动力,加速跨大西洋贸易自由化,1998年3月,欧盟贸易专员莱昂·布里坦(Leon Brittan)呼吁尽快消除贸易和投资壁垒,以在2010年前建立基于自由贸易的跨大西洋市场。虽然这一提议遇到了来自大西洋两岸的阻力,但1998年5月美欧伦敦峰会仍达成"跨大西洋经济伙伴"关系协定,通过提供政策倡议、协定机制拓展和强化多边与双边合作,推动有关贸易和投资的共同行动。1998年11月,一份"跨大西洋经济伙伴"行动方案出炉,确认了美欧在多边和双边共同行动的领域,授权欧洲理事会与美国磋商涉及贸易技术壁垒、服务业、公共采购和知识产权的双边协议。由此可见,美国对欧经济政策的目标与对其他地区不同,不是强行促进美国对欧出口,而是关注竞争政策、标准以及投资准则等方面,这大大降低了美欧经济竞争的烈度。

美国对欧经济政策的与众不同源自三大因素。第一,欧盟市场有其特殊性。欧盟市场较为成熟,美国企业在其中的直接投资较多,难以完全将欧洲利益与美国利益切割,因此美欧并没有把精力放在市场准入问题上。第二,美国企业在欧投资量大且与欧盟建立了政治联系。例如,美国驻欧盟商会是美国影响欧盟的重要机构,商会会员更关心欧洲的政治和法律框架是否有利于其营商,不关注出口促进政策。第三,美国驻欧盟商会和大型美国企业对美国对欧政策以及欧盟的决策也有强大的影响力。美国企业在跨大西洋商业对话中也扮演重要角色,通过在欧的大量投资让克林顿政府重新思考"市场开放战略"。

第三节　美欧同盟的机制困境

在单极格局下，美国希望欧洲盟友跟随自己并分担一定维护国际秩序的责任，但客观上这仍限制了欧洲对外战略的灵活度与空间。欧洲的联合自强在冷战后非但没有停止，反而进入新阶段。美欧一方面必须寻找新的同盟意义，另一方面由于美国在冷战后初期将对外政策重点转向经济领域，除了军事领域之外，美欧在经济领域也展开了有限竞争。

总体上看，冷战结束后，美欧同盟与两极格局息息相关的"抛弃""牵连"两难困境大幅缓解，但美国将维持单极霸权作为战略目标，并试图在大西洋主义的框架下主导欧洲的发展方向，这与欧洲追求独立自主、促进自我认同和渴望发展为强大一极的战略目标存在显著矛盾，北约面临着方向性迷失。安全领域的同盟机制困境成为这一时期美欧的主要矛盾。

一、矛盾的盟友

这一时期美欧同盟在安全领域的困境体现在两组矛盾关系上。第一，欧洲既想要战略自主又难以摆脱美国的安全保护，而北约转型未能彻底解决这一问题。第二，两极格局消失后，美国不希望欧洲搭美国的便车，希望欧洲能够分担防务责任；但当欧洲真正朝着外交与安全一体化迈进时，美国又担心失去对欧洲的控制。在经济领域，随着欧洲经济一体化的深入推进，欧洲经济实力上升，美欧经济博弈在所难免，进一步加剧美欧同盟在这一时期面临的困境。

20世纪90年代，美欧同盟并未公开爆发剧烈冲突，但双方对冷战后国际形势以及自身所处历史方位的不同认识仍让矛盾难以避免，苏联解体反而让美欧战略目标愈益不匹配。这一时期的同盟困境既不同于冷战的"抛弃""牵连"两难，也不同于"9·11"恐怖袭击后大西洋两岸的爆发认同危机，而是双方在后冷战十年互相摸索同盟相处之道时陷入的过渡期困境。

从美国的角度看，两极格局崩塌，美国的军事实力不再受任何国家或国际机制限制，即使欧洲不再具有投靠苏联的风险，美国作为霸主也尚未准备好接受欧洲摆脱对美国的安全依赖的事实，更无法接受一个美国不掌握主导权的跨大西洋同盟关系。

一方面，老布什和克林顿都表态愿意建立更强大、更具活力的跨大西洋同盟，并且支持欧洲一体化。克林顿1994年访问欧洲时表示，"我们必须为欧洲建立新的安全机制，旧的安全机制是建立在我们的阵营对抗另一个阵营的前提上。新的安全机制必须建立在欧洲一体化的基础之上……"。但另一方面，在美国精英看来，一些欧洲国家为了强调欧洲的平等角色而重新调整大西洋同盟的想法是对美国全球霸权的挑战。美国针对"蠢蠢欲动"的欧洲的一个典型对策是在冷战末期老布什提出的"完整而自由的"欧洲设想，试图以美国人的传统和方式设计欧洲秩序的未来。当时美国甚至对苏联发出邀请，希望其与大西洋同盟一起建设能够保护自由人民价值观的共同体。

在安全领域，美欧同盟遭遇的最大困境在于北约这一机制的存续、发展及其与欧洲安全防务机制的关系，美欧双方在这方面都面临着两难选择。过去半个世纪以来，美欧在冷战的两极格局下结成紧密的政治、军事和经济同盟，其底色是和苏联的意识形态博弈。随着苏联解体，大西洋两岸都开始重新思考北约的意义和未来的角色。与这一议题息息相关的问题是美国在欧洲的军事存在。自北约成立之日起，欧洲就接受了美国在安全议题上的主导地位，尽管法国对美国在欧洲的地位长期不满，但这并没有妨碍欧洲在总体上服从于美国主导设计的跨大西洋安全框架。

冷战结束后，"美主欧从"的安全格局没有得到根本改变，但欧洲的独立自主意识明显上升。欧洲面临两难抉择，目标和能力的不匹配成为主要矛盾。一方面，一些西欧国家希望能够重新建立更加独立和有效的欧洲安全机制，而不是一再依赖美国的安全保护。另一方面，由于能力不足，欧洲又希望美国仍然能够保持在欧洲的军事存在，尤其是在北约的存在能够有效遏制欧陆国家重拾竞争性国家军事政策的情况下。

在冷战后的几次危机中，欧洲都需要美国领导的北约介入的事实也再次表明,欧洲在短期内难以实现战略自主。美国同样面临两难抉择,一方面,美国长期抱怨欧洲搭美国提供的安全秩序的便车,尤其是在防务费用分担上,美国付出过多,欧洲承担不够。美国国会也多次辩论美军是否应该撤出欧洲。美国希望欧洲能够承担一定的防务责任,减轻其防务支出的压力。但另一方面,一旦欧洲真正迈开外交与安全一体化的脚步,美国又以怀疑的眼光看待此事,认为欧洲试图挣脱美国主导的北约的制度框架。欧洲追求独立的防务体系将对美国的霸权地位和北约在大西洋安全架构中的主导地位构成严峻的挑战,而这是美国所不能接受的。

二、"法国方案"的失败

冷战结束后,一些西欧国家看到了欧洲防务由欧洲自己负责的前景。以法国为代表的西欧国家提出了用更为紧密的欧盟安全和防务战略联合来取代美国在欧洲的力量,这一战略得到了包括德国在内的北约的欧洲盟友支持,1991—1994年这些西欧国家与北约开展了同盟内部博弈。1995年年底,北约最终赢得了与法国等国的安全防务安排之争,美国的胜利一方面是由于北约根据新形势迅速调整了军事框架,另一方面也因为欧洲远远没有取代美国防务安排的能力基础,短期内依赖美国仍然是欧洲应对危机时的不二选择。

这一时期的欧洲安全形势面临两大变化。一是苏联解体大大改善了外部安全环境。俄罗斯与西方保持合作态度；华约国家也逐渐转向西欧国家；两德在西方同盟的框架下实现和平统一，欧洲一体化有序推进。二是美国在欧洲的军事力量开始削减。随着欧洲面临的外部安全威胁相比冷战时减小，北约和美国领导的必要性似乎相应减少。卢森堡副首相雅克·普斯（Jacques Poos）也曾于1991年说过，"这是欧洲时刻而不是美国时刻"。

在这一背景下，欧洲国家意识到经济和货币联盟将催生出新的外交甚至防务联盟，而这将会挑战北约在欧洲安全防务架构下的主导地位。在西欧国家的新欧洲安全框架倡议中，法国密特朗政府提出的方案最清晰，其认为冷战的结束标志着欧洲不再需要一个用以应对入侵的、提前达成政治一致的联合军事指挥部，而是需要一个"双支柱"北约——欧洲构成一个完整的支柱，美国构成另一个。

这一方案并不是要将美国和北约彻底逐出欧洲，而是将北约和美国发挥作用的范围限制在欧洲遇到自身难以解决的安全威胁时，而其他紧急情况由欧洲自己处理。同时要加强欧洲内部的信任和能力建设。而法德推动设立"欧洲军团"的主要目的就是有朝一日欧洲军队可以不再依赖北约和美国解决安全问题。许多欧洲国家也认为，欧洲的安全形势趋稳，拥有广泛的成员国，而且推动军控计划的欧洲安全与合作会议是接触前华约成员国的合适平台，欧洲应当有机会创建限制但不孤立德国的泛欧安全框架。

尽管在20世纪90年代初期，以"法国方案"为代表的欧洲安全与防务计划取得进展，但到了90年代中期，欧洲安全再次被北约和美国主导，欧洲方案未能取代北约成为新的安全支柱。这既与北约在新形势下迅速进行了调整有关，也与欧洲自身实力不足有关。

首先，法国难以阻拦北约针对冷战后的新任务对军事力量结构的迅速调整。在法国看来，只有限制北约的作用，其他欧洲机制尤其是欧共体和欧洲安全与合作会议才能得到发展。但是由于北约军事和政治相对分离，法国只能在政治领域阻止北约发展，在军事领域无能为力，而且法国退出北约后无法参与北约的军事建设，北约在推进变革时不会遭到法国的阻挠。此外，北约各成员国的军事领袖都清楚维持北约机制运转、确保多国军事行动的成功符合共同利益，因此在很多议题上的选择根据的是军事需要而不是各自政府的政治诉求。即便是法国军方在与北约合作的议题上也与密特朗政府的步调并不一致，1994年密特朗总统还因不同意法国与北约过于密切地合作而将准备参加北约军事委员会会议的参谋长雅克·朗萨德（Jacques Lanxade）召回巴黎。

其次，多数欧洲国家在没有美国支持时缺少向境外部署军力的能力。欧洲国家在参与战斗时必须依赖当地的基础设施与后勤支持。欧洲缺乏足够的军力投射能力，如远距离运输机、通信设备、战场情报资源等,这些都限制了欧洲应对危机的能力。

最后,南斯拉夫解体暴露了"法国方案"的缺陷。在南斯拉夫,欧洲发现其外交政策共识上的局限性,在缺乏统一军事指挥部的情况下欧洲难以阻止大规模的军事行动,而且如果没有美国的参与,欧洲很难在北约覆盖区域之外投射军事力量。更重要的是,在冷战后的军力现实之下,西欧提出的替代北约的方案能否成功,仍然取决于美国的意愿。如果美国在欧洲无法应对危机时也不愿介入,那么"法国方案"根本无法落地。南斯拉夫危机折射出西欧军事独立的两难,如果想要建设独立的防务架构而从一开始把美国排除在欧洲安全架构的核心之外,那么欧洲遭遇棘手危机时美国也不愿介入;而确保美国介入危机的前提就是确保北约仍然是欧洲安全架构的核心,如此一来,欧洲又难以实现所谓的防务自主。

三、欧洲追求战略自主与美国的反应

(一)欧洲共同外交与安全政策及其发展

欧洲在冷战后对战略自主的追求体现在建立和完善共同外交与安全政策的努力上。《马约》首次提出共同外交与安全政策。尽管美国和一些支持北约的欧洲盟友担心这一政策会削弱北约的作用和西方安全,但最终欧洲还是决定用共同外交与安全政策取代欧洲政治合作,将其作为欧盟三大支柱之一。同

时，让西欧联盟①与共同外交与安全政策保持密切联系，使其成为欧盟与北约之间的桥梁，而共同外交与安全政策也获准逐渐向共同防务体系演变。

根据《马约》，有关共同外交与安全政策的原则性指南由欧洲理事会确定，外交政策在部长理事会层面讨论，在紧急情况下，部长理事会还可召开特别会议。1992年6月的里斯本会议报告确认了欧盟在其所关心的外交与安全领域的合作。1993年11月至1995年5月，8项该领域的联合行动得以被推动。这些行动包括观察俄罗斯和南非的选举、支持在中东欧国家开展的提升稳定性与维护和平的行动、向波斯尼亚提供人道主义援助、推动《核不扩散条约》的无限期延长、控制军民两用产品的出口、加强针对杀伤性地雷的审查。与此同时，主要与针对第三国经济制裁相关的14项共同立场原则也得以确立。

为了进一步提升欧盟的决策效率，使其在处理对外关系时有更大的责任和权力，经过长期协商，欧洲理事会在1997年达成《阿姆斯特丹条约》(简称《阿约》)，该条约于1999年5月1日正式生效。《阿约》的第11到第28条款的内容专门针对共同外交与安全政策进行了修订。为了促进欧盟外交政策的效率，

---

① 西欧联盟是在由法国、英国、荷兰、比利时和卢森堡五国于1948年组成的在布鲁塞尔条约组织的基础上成立的政治组织，其宗旨是促进欧洲团结，推动欧洲统一。——编者注

《阿约》中最重要的决定之一是任命欧盟理事会秘书长承担共同外交与安全政策高级代表的职责。高级代表、欧盟轮值主席国外交部部长和欧洲理事会的一名高级代表将组成新的"三驾马车"。至此，欧洲外交政策第一次有了同一张脸和同一个声音。

不过，这一创举的对外影响在一开始并不清晰，因为一些成员国认为应当选择低调的人担任这一新职务。欧盟遭遇科索沃事件的打击后，在1999年才挑选了高调的政治人物哈维尔·索拉纳·德马达里亚加（Javier Solana de Madariaga）担任欧盟理事会秘书长兼共同外交与安全政策高级代表，索拉纳曾在担任北约秘书长时指挥过北约对南斯拉夫的军事行动。

《阿约》的另一项创新是设计了新的"共同战略"。1999年至2000年，欧盟分别提出三项针对俄罗斯、乌克兰和地中海地区的共同战略，但由于这些战略未能给欧盟自20世纪90年代中期以来的战略和伙伴关系提供新价值，很快遭到废弃。《阿约》还强化了欧盟和西欧联盟之间的关系，着眼于在未来将西欧联盟并入欧盟的可能性。这样一来，欧盟就可以获得西欧联盟处理彼得斯堡任务[1]的能力。在推动欧洲防务一

---

[1] 彼得堡任务是西欧联盟于1992年6月发布的《彼得堡宣言》中所声明的其成员国应具有的军事能力，包括：人道主义救援能力、预防冲突和建设和平的能力、处理危机管理中的武装力量任务的能力、联合裁军行动的能力、军事建议和协助能力以及冲突后维稳的能力。——编者注

体化方面,《阿约》的态度也更为明确、更具抱负,将之前条款中的"最终"(eventual)搭建共同防务政策,变为"逐步"(progressive)搭建共同防务政策,以此"强化欧洲认同及其独立,促进欧洲与世界的和平、安全与进步"。

随后,西欧联盟并入欧盟,这进一步推动了共同外交与安全政策的深化。1999年,欧洲理事会在科隆召开会议,宣布2001年前将西欧联盟并入欧盟,欧盟将接管西欧联盟的机制和人员,这意味着统一的欧盟防务政策的到来。索拉纳在担任共同外交与安全政策高级代表的同时兼任西欧联盟秘书长。

作为对科索沃事件的回应,1999年12月召开的赫尔辛基欧洲理事会会议同意,欧盟在2003年之前应当发展出在60天内部署最多6万人的军队以处理彼得斯堡任务的能力。2003年5月,欧洲理事会同意欧盟获得处理所有彼得斯堡任务的行动能力。同年12月,在索拉纳的牵头之下,欧洲理事会出炉一份名为《更好世界中的安全欧洲》(*A Secure Europe in a Better World*)的报告,成为欧盟历史上首份评估安全环境并确认欧盟的主要安全挑战及其影响的对外战略报告。

(二)美国引领北约机制转型

美国虽然希望欧洲能够承担更多防务责任,而非一直在美欧同盟中搭安全便车,但并不希望欧洲在追求战略自主的道路上走得太远,成为独立于美国或者能与北约抗衡的一支军事力量。美国仍然希望北约能够成为欧洲以及跨大西洋安全防务合作的唯一支柱。为了实现这一目标，美国着力推动北约转型，加快机制的调整和建设，从域内行动转向域内外行动兼修，从防御性军事同盟转向更为灵活的军事同盟，并通过若干次实践中的危机应对，让欧洲意识到双方的实力差距，力图将追求外交与安全一体化的欧洲归拢到跨大西洋的安全框架之下。

老布什政府在冷战后的对欧军事政策目标主要为扩展北约的功能，即超越原有条款中的第五条[1]，在确保北约区域安全的前提下加入其他的政治和军事功能。老布什希望强化北约不仅是为了确保欧洲安全，也是为了提升美国和欧洲的全球行动能力，因此即使在最大的外部威胁消失之后，美国仍然支持北约在欧洲安全框架中发挥核心作用。

面对20世纪90年代初的国际大变局，美国想要统一欧洲各国在北约未来发展方向上的共识是极其困难的，在1991年的北约哥本哈根外长会议上，美欧同盟只在北约的核心功能上达成一致，它们同意北约作为讨论关键议题的跨大西洋论坛，能为欧洲稳定的安全环境提供不可或缺的基础、遏止侵略威胁以及确保欧洲的战略平衡。但美国未能让欧洲盟友认可北约是欧洲安全的基础。这种分歧显示冷战后美欧对欧洲安全机制的看法截然不同。

然而，双方也在探索如何尽可能和谐地相处，并为此做

---

[1] 北约第五条确认了北约组织的集体防御原则。——编者注

出一定程度的妥协。在 1990 年的北约伦敦峰会上，美国对"欧洲安全和防务认同"政策表示了支持，欧洲盟友作为回报，认可了冷战后北约的三大任务：维持共同防务、重新调整北约架构以为欧洲建设更好的安全环境，以及将北约拓展到成员国及其领土之外以塑造欧洲安全环境。

尽管美欧在 1991 年北约罗马峰会上矛盾明显，但各国领导人还是在同盟的"新战略概念"上达成一致，并且设立了北大西洋合作理事会作为与前华约国家探讨防务规划、防务转化、民事和军事关系、空中运输管理等工作的论坛。"新战略概念"支持北约统合防务，也支持美军在欧洲继续保持存在。各国领导人支持建设统一的军事司令部，这实质上将法国提出的变革建议拒之门外。

除了再次重申北约将致力于各成员国的共同防务外，战略还拓展了北约的职能，从严格的防御机制转向包括危机处理在内的更广泛的军事机制，确认了北约在和平、危机以及战争时期的任务，并提出应建立多国快速反应部队，可以在需要时派往任何受威胁的地区。虽然当时欧洲面临的不安全因素已经不仅限于北约成员国境内，但由于法国想推动欧共体的军事行动，而德国不愿跨出北约范畴开展军事行动，其他北约国家也不想过度刺激尚未解体的苏联，因此"新战略概念"并未明确提出北约应开展域外行动。不过，美国认为新战略已经为北约的域外行动提供了基础，也认为同盟的"新战略概念"是实现北约转向的标志性胜利。

根据新战略概念,北约进行了一系列调整,美国不仅继续追求在北约的主导权,而且还想方设法解决欧洲机制与北约机制的资源竞争问题。1992年春,北约领导人决定成立4支多国部队,2支美国-德国军、1支德国-荷兰军以及欧洲盟军司令部快速反应部队。从军事上看,这些多国部队是为了防止欧洲防务的再国家化,遏制德国统一之后的影响,也为了确保英国、法国和美国军队在苏联撤退后继续留在德国。从政治上看,多国部队是为了证明即使过去团结美欧同盟的外部威胁已经消失,在危机中共同行动仍然符合双方利益。欧洲盟军司令部快速反应部队在其中显得尤为重要,因为只有这支力量有能力在北约域内域外都开展行动。

美国一方面迫于欧洲压力不得不支持"欧洲安全与防务认同",但另一方面仍然试图强化统一的司令部。罗马峰会对北约行动连贯性的确认让美国有底气消除来自欧洲盟友的两大挑战——联合指挥以及资源竞争。美国迫使法国和德国同意欧洲军参与北约行动的要求,德国部队将不会撤出北约,而欧洲军至少在公约第五条所规定的行动中由北约指挥。为了防止资源竞争,北约防务规划委员会在1992年春同意,北约军事力量的主要职责是满足同盟的集体防务承诺。

北约军事领导人也担心,建立"欧洲安全与防务认同"机制会将资源从北约夺走,欧洲将建立起与北约竞争的防务机制。因此在1992年12月,各国同意优先将军力和防务资源提供给北约。然而,虽然美国成功按照自己的意图改造北约,但仍然未能阻止"欧洲安全与防务认同"机制取得进展。美欧在南斯拉夫问题上的分歧以及美国不愿干预的态度都让西欧联盟发展自主行动能力的意向增加。

(三)欧洲在两难中的抉择

尽管欧洲有推动外交与安全一体化和欧洲防务独立的冲动,但到1994年,欧洲政治领导人开始意识到如果要开展域外行动,仅依靠欧洲现有的军事力量无法实现,对美国的依赖短期内难以摆脱。

首先,美欧在军事资源的投入上就不成比例。美国的防务预算每年约为2650亿美元,而这只是征兵、训练和装备的费用,军事行动的费用还没有都包括在其中。相比之下,北约的欧洲成员国每年总共也就投入1500亿美元。

其次,欧洲域外行动的能力远远弱于美国。美国拥有"全志愿兵"部队,其执行任务的区域不受限制,而北约欧洲成员国的部队则基于征兵制度,与本国社会的联系更为紧密,且缺少通过训练提高战术技巧的能力。更何况,这些欧洲国家难以将士兵送到海外执行任务,除非他们自愿前往。因此,各国士兵往往在接到任务时才被临时拼凑起来,他们缺少事先一起训练的机会。即便忽略上述不利条件,北约欧洲成员国也很难派遣军力开展域外行动。

最后，美欧的海外力量投射能力相差巨大。美国的地缘战略位置决定其必须投入重金发展军队的投射能力，以应对全球冲突。而北约多数欧洲成员国则依靠民用合作商为军队提供后勤保障、战斗支持、维修服务以及医疗设施。这种美欧之间的实力差异阻碍了"欧洲安全与防务认同"机制的发展，欧洲无法独立于美国发展自身防务，只能接受美国支持下的"欧洲安全与防务认同"机制（图3.2）。

图3.2　1999年5月，时任美国总统克林顿到访德国拉姆施泰因空军基地

南斯拉夫危机和波斯尼亚危机则让欧洲从"独立"和"依赖"的两难中彻底清醒，明白缺少美国的参与，欧洲将难以独立开展军事行动应对危机。1991年秋，南斯拉夫开始出

现战争的苗头，而当时美国的注意力仍然聚焦于海湾战争。欧洲为了证明《马约》中共同外交与安全政策的价值，决定将南斯拉夫作为第一个测试点，参与协调冲突各方并提供人道主义援助。法国甚至在 1991 年夏提出要开展欧盟与西欧联盟的维和行动并坚决反对北约在危机第一阶段介入。尽管欧洲国家已经决定介入，却无法制定共同政策，尤其是无法就南斯拉夫解体后斯洛文尼亚和克罗地亚的承认问题达成一致。

欧洲国家还就在联合国授权下欧盟向南斯拉夫派遣的军队应扮演什么角色产生了分歧，法国认为维和行动人员应当是提供人道主义救援的中立者，而一些欧洲国家认为应当公开支持克罗地亚族和波斯尼亚族抵抗塞尔维亚族，这种分歧阻碍了欧洲统一政策的制定。联合国以及欧盟领导下进行了将近三年的干预在 1994 年年底达到了低谷，他们未能劝说冲突各方接受任何版本的和平计划。最终，坚持只由联合国和欧盟介入南斯拉夫的法国也不得不做出让步，承认只有北约才有足够的军事实力确保和平，同时也只有北约这一机制才能让美国全身心介入这场危机。

相比南斯拉夫危机，美国以及北约对波斯尼亚危机的积极介入则讲述了另一个故事，这个故事让欧洲深刻意识到冷战后追求防务自主的重重困难。当波斯尼亚危机成为北约的一个问题时，美国全力投入资金和军事资源，法国也再次明白只有依靠北约才能确保美国的介入。通过对波斯尼亚危机的介入，美国成功确立了北约冷战后在欧洲安全事务上的地位；反之，如果当时北约国家不向波斯尼亚派遣一兵一卒，那么北约可能无法再像冷战时期那样在欧洲安全上发挥重要作用。

波斯尼亚危机也表明，法国所期待的欧洲防务一体化只是过于美好的梦想，欧洲在政治上依然不够团结，军事上也缺乏独立域外行动的能力。波斯尼亚危机证明，欧洲暂时无法成为独立的战略力量，在缺少美国和北约的情况下，欧洲缺乏实施军事行动的途径。而且一旦欧洲抛弃北约，美国很可能不会在欧洲需要时驰援，至少欧洲并不掌握决定美国参与与否的权力，主动权仍然牢牢掌握在美国手中。

欧洲对现实的认识改变了冷战后北约内部对"欧洲安全与防务认同"机制的辩论，法国抵制北约的声音减弱，法国国内也出现了支持重返北约的主流意见，德国也在波斯尼亚危机期间支持美国对行动的主导权。欧洲领导人意识到欧洲安全仍然极依赖美国，在欧洲内部复制北约的成本巨大，只有在北约框架下建立"欧洲安全与防务认同"机制才能得到美国支持，最终这一方向成为欧洲在这一时期的最佳选择。1996年，北约同意在其内部建立"欧洲安全与防务认同"机制，支持由欧盟领导的自主军事行动。1999年的华盛顿峰会上，北约启动了"防务能力倡议"，危机管理和干预成为北约的新任务。

第四章

伊拉克战争与美欧同盟认同困境

你们要么和我们一起,要么和恐怖主义一起。
——乔治·W. 布什

现在,你们认为欧洲就是德国和法国。我不这么看。我认为那是旧欧洲。如果你们看看今天整个北约欧洲,就会发现重心正在转向东边。
——唐纳德·拉姆斯菲尔德

第四章　伊拉克战争与美欧同盟认同困境

21世纪开启后,"美国单极霸权是否终结"成为大西洋两岸热议的话题。在国际格局的状态和影响都较不明朗的时期,美欧同盟困境主要表现在认知层面,双方在如何看待国际格局、战略环境、安全威胁、对外政策上出现严重分歧。在"9·11"恐怖袭击以及2003年美国发动伊拉克战争后,美国的单边主义做法尤其受到欧洲部分国家的反感,美欧同盟出现集体认同危机。

第一节　单极还是多极?

进入21世纪后,美欧同盟关系开始面临国际格局变化的挑战。欧洲、中国、印度、俄罗斯等力量的不断发展冲击了原有的国际格局,也改变了美欧所处的战略环境,新的地缘政治竞争冲击了所谓的美国"单极时刻"。美欧对国际格局和战略环境的认知和应对在这一变局下产生的分歧,是双方认同危机的底色。

冷战结束后的十年，美国成为事实上独霸全球的国家，在综合国力上领先于欧洲、日本、俄罗斯等地区和国家。尽管如此，美国官方在用词上一直保持克制，从来没有在正式文件中提到过单极或者霸权。在从老布什政府到奥巴马政府的历份《国家安全战略》报告中，像"单极"、"多极"或者"霸权"这样的描述都难觅踪影。但是，1998年克林顿政府在20世纪美国出炉的最后一份《国家安全战略》报告中，尽显美国作为霸权国的优越感，认为"在接近21世纪之时，美国依然是世界上推动和平、稳定以及民主与自由的普世价值观的最强大力量"，国务卿玛德琳·奥尔布莱特（Madeleine Albright）也使用"不可或缺的国家"的概念代替"霸权"。

这一时期的国际格局很难用单一的"单极"或者"多极"来形容，因为在不同领域或者议题上可能存在不同的权力格局。

在安全领域，单极格局或许长期存在，美国或者西方的相对衰弱并没有让另一极或者多极出现。即使在2014年，北约二十七国的整体防务预算已经接近9000亿美元，而由巴西、俄罗斯、印度、中国组成的"金砖四国"（BRIC）的防务预算距离北约有近3000亿美元的差距，以北约为首的西方国家仍然保持着军事实力优势。

在经贸领域，以"金砖四国"为代表的新兴国家迅速崛起，单极格局似乎正变得日益模糊，多极化趋势日渐明显。

第四章 伊拉克战争与美欧同盟认同困境

2001年,美国高盛投资银行前首席经济学家、英国经济学教授吉姆·奥尼尔(Jim O'Neill)提出"金砖四国"概念,认为这些新兴国家的经济表现亮眼,冲击了原有的国际经济格局。从一系列数字看,如果按照购买力平价计算,中国2001年的国内生产总值已经排到世界第二,印度排到世界第四,而"金砖四国"的国内生产总值都已超过加拿大。奥尼尔当时还预测在接下来十年,"金砖四国"在世界GDP总量的占比都会提升,中国尤其如此。国际经济决策机制需要依此重组,G7机制应当扩容,将"金砖四国"等新兴国家囊括入内。

在贸易领域,中国快速崛起,其向发达国家的出口占对方市场份额的比例飞速上涨,如2000年占日本进口总量的14.5%,占美国进口总量的8.6%,相比过去增长明显(详见表4.1)。随着2001年中国加入世贸组织,中国继续扩大对外开放,更加深入地参与经济全球化进程,通过全面参与世贸组织工作,积极推动、参与、维护多边贸易体制,成为国际格局的多极化发展不可或缺的动力。

表4.1 中国出口占发达国家市场份额比例

国家	份额比例(%)						
	1970年	1980年	1990年	1995年	2000年	2002年	2003年
日本	1.4	3.1	5.1	10.7	14.5	18.3	18.5
美国	0	0.5	3.2	6.3	8.6	11.1	12.5
欧盟	0.6	0.7	2.0	3.8	6.2	7.5	8.9

数据来源:IMF, *Direction of Trade Statistics*.

简而言之，不加分析地使用"单极"或者"多极"并不能反映不同领域和议题中的不同权力结构。只有深入到具体的政策领域或者具体的地缘政治板块，才能探讨不同的权力构成。

即使能够清楚论证国际格局已走向多极，国际关系学界对多极结构如何影响国际体系的和平与稳定也没有定论。摩根索认为，均势的多极结构相较如履薄冰的两极格局更为理想。而沃尔兹则认为两极格局的稳定性要强于多极格局，当权力过于分散时，弱国就会希望强国被制衡，而不会跟随强国或者与其结盟。如果多个国家同时角逐优势地位，相对弱势的国家会很难衡量强国的相对实力，弱国将难以明确认定应当联合或者反对的对象。在这种情况下，无论是弱国还是新成为一极的国家都容易出现误判，这些国家最后做出的决策通常都会让多极格局更加不稳定。

在新现实主义学者看来，单极格局最终将走向衰亡，因为体系压力会让弱国努力制衡霸权国，伊拉克战争期间德国、法国和俄罗斯结成的反战联盟就是一个例子。制度主义学者认为用"多极"描述国际格局没有反映国家的相互依赖，虽然多极化确实存在，但相互依赖也在加深。

还有的学者认为当前的体系处于"无极"状态，衰落的霸主在军事实力、经济资源和文化影响上仍领先于其他国家，但新世界将不由一两个甚至几个国家主导，而由几十个独立的国家力量主导。亚历山大·温特（Alexander Wendt）认为无论使用哪一种概念定义国际格局，都有可能忽略全球化浪潮下国家间形成的与以往不同的相互依赖关系，这种相互依赖将会推动国家间形成集体认同，国际政治文化实际"更是洛克式的而不是霍布斯式的[①]"。

第二节　美欧同盟的认同困境

温特把集体认同的成因归结为四点：相互依存、共同命运、同质性和自我约束。从前两个因素看，冷战的结束已经意味着美欧在安全上的相互依赖程度被大大削弱以及对抗苏联的共同目标消失，而双方的同质性和自我约束程度也在21世纪以后由于美欧的观念分歧而急剧降低，认同困境成为这一时期美欧面临的主要挑战。冷战结束对美欧有着不同的意义，美国仍然将世界视为"霍布斯式"的丛林世界，而欧洲却认为"康德式"的合作世界并非遥不可及。

冷战结束的头十年，由于美国处于"单极时刻"，而欧洲

[①] 温特认为，国际体系除了是物质的，也是观念的。不同的国际社会文化会影响国家间互动的方式，温特提出三种国际社会文化：国家间厮杀的霍布斯文化、维持现状的洛克文化和相互友好的康德文化。——编者注

着眼理顺内部机制，此时双方主要解决的是同盟机制的过渡问题。自21世纪以来，部分领域出现的多极化趋势则让双方在国际格局、安全威胁和内部治理方式等问题上的看法分歧日益扩大。伊拉克战争造成的危机让矛盾集中爆发，美欧则进一步陷入集体认同的困境。

一、集体认同与同盟关系

集体认同是一种认知过程，在其发展过程中"自我"和"他者"的身份认知界限会变得模糊，导致行为体在认知上把他者看作自我的延伸。冷战期间，美欧都将苏联视为最大外部威胁，都拥有西方价值观，且都将自己视为西方的一部分，因此二者互相将对方看作自己身份的延伸，美欧之间形成了强大的集体认同。然而，冷战结束后苏联这一外部威胁消失、国际格局发生重组，美欧各自的对外政策也发生了不同方向的变化，双方在身份和认知上的差异愈加明显，导致集体认同出现危机。

集体认同意味着对各自职责和角色的期待高度一致，而这是通过程式化、常规性集体行为和话语反复确定的。共同期待一旦被集体中的全部成员接纳，就成了集体常识，并成为集体承认的现实。然而，现实的变化会对集体认同造成冲击，尤其是物质层面的变化会造成原有认同和新出现的现实之间的巨大反差。不过，原本的集体认同中的一些内容也可能因为已形成制度化安排而得以保留，甚至成为集体惯性。但无论如何，不同的认知之间差异很大，只有与物质现实最贴近的认知才有可能被集体广泛接受。

三类同盟行为会对集体认同的构建产生影响。第一，话语政治是行为体确认盟友和敌手的一个重要机制。盟友政府或者官员往往会发布一系列文件、声明、指令、宣言、演讲等，定义当下的安全、威胁是什么。这些话语表述之所以重要，是因为这些发布者在国家安全领域拥有得天独厚的地位，他们不仅是国家安全的守卫者，也是解读世界危险的"一手信源"，记者、学者、政客都会围绕这些话语进行分析和传播。普通民众在一般情况下很难直接接触盟友国家或敌手国家，也并不清楚安全威胁究竟是什么，通过这些解读和宣传，大众得以了解世界。一旦双方成为盟友，对于双方关系的积极话语表述就会在社会的更深层次得到接受，大众会因为这些积极话语而认为盟友关系不是权宜之计，而是更为深刻的关系。同盟之间不断放出官方文件、官员表态和相关研究以反映集体认同的现实，同时强化盟友国的民众对同盟关系的认识。比如，在冷战期间的柏林危机之后，肯尼迪总统就曾经表示"我是柏林人"（Ich bin ein Berliner），这不仅是强调美国保护柏林的承诺，也是在强化美国与盟友之间的身份认同。

第二，一些具体的实践会强化盟友的集体认同感。比如，一国向盟友国派遣士兵以帮助盟友抵御外敌，这种行为毫无疑问会强化集体认同。再如,一国向盟友提供军事或者经济援助以提升盟友的防务能力,这种举动也会提升认同感。与盟友开展联合军演不仅能够提高同盟间的军事协作水平,也会向国内的大众传递和强化对同盟的认同感,但同时这也让军演所针对的第三方增加作为敌手的认同感。总而言之,一些实践行为能够强化盟友的积极认同和敌手的消极认同。

但必须注意的是,一些看似是出手相助的行为如果处理不当,或者只帮助了同盟国中的一小部分人,而损害了大部分人的利益,那这种举动也可能削弱集体认同感。或者盟友觉得某些行为是出于好意,但结果却帮了倒忙,反而损害了同盟国的安全,这也会冲击集体认同。比如,冷战期间当美国试图在欧洲部署中程核导弹时,就削弱了欧洲对美国能够维护欧洲安全的积极认同。而在伊拉克战争的问题上,一些欧洲盟友也并不认为小布什政府的军事行动有益于欧洲安全建设。因此,盟友提供的安全政策只有是接受方真正需要的,才能促进对盟友身份积极认同。

第三,同盟的机制安排会影响集体认同。同盟通常是通过签订协定来确认盟友甚至是敌手的身份,而这些可能在结盟前就隐约存在的身份认同会因为形成盟友关系而被制度化,原本模糊的界限变清晰了,有关"自我"和"他者"的集体认同也得到增强。与盟约相伴的是一系列制度性安排,盟约好比是骨架,这些具体的制度性安排则是血肉。同盟还可能出台规定和法律以强化集体认同，比如美国对朝鲜的制裁法案实际上就强化了美国与韩国的集体认同，加深了美国与朝鲜的敌对。

二、美欧的认知错位

自从美欧在冷战期间结成同盟以来，对同盟任务以及威胁来源的认知与错误认知就伴随着整个同盟关系的发展。在此过程中美欧经历了一系列分歧，包括苏伊士运河危机、法国退出北约军事一体化组织、美国在欧洲部署中程核导、美国推出"星球大战计划"等。2003年的伊拉克战争是美欧结盟以来遭遇的最严峻的认知危机之一，这一方面是由于国际体系发生的客观变化，另一方面是由于美欧对这种变化及其带来的挑战及美欧各自角色的变化产生了不同的认知。"9·11"恐怖袭击有力证实了国际体系在冷战之后发生了翻天覆地的变化，美欧在这一事件上的态度和回应也暴露了此前在共同的外部威胁掩盖之下的认知分歧。美欧对外部形势和安全威胁的判断、对彼此职责和角色的认知都出现错位，严重削弱了双方的集体认同。

美欧对国际体系的不同认知影响了双方的政策和行动。在冷战后以及"9·11"事件之后，是否使用武力进行干预，两次成为最具争议的辩题。美国原本就认为世界正变得更加混乱无序，对联合国的信任程度不断降低，遭遇恐怖袭击之后，美国更认为自己暴露出在面对恐怖主义等非传统安全威胁时的脆弱，"单极霸权"正遭受挑战。此外美国在海湾战争、阿富汗战争中表现出一系列压倒性军事技术优势，这些因素共同导致2002年美国《国家安全战略》出台。以此为代表，美国外交进入"布什主义[①]时代"。可见，国际体系的变化对美国产生了明显的影响。

然而，欧洲对恐怖主义和安全威胁的认知以及欧洲过去的战争经验都与美国大相径庭，这一点能够从2003年欧盟出台的《欧洲安全战略》报告中窥见。美欧两份战略文件中体现出的认知差异将在本节之后的内容中进行详细对比分析。

虽然国际体系的变化能够影响美欧同盟关系，但这并不是唯一的影响因素。美国在同盟政治中的表现也减少了欧洲对美国的信任，甚至让欧洲认为美国正在减少与欧洲的接触，不再重视欧洲的利益。比如，小布什政府在2001年不顾国际社会的反对，退出了《反弹道导弹条约》；美国在发动伊拉克战争之前未与除了英国之外的欧洲盟友深入探讨开战一事。这些举动都被欧洲视为美国对外政策转向单边主义的标志性事件。

---

① "布什主义"是指从"9·11"事件后，美国总统小布什提出的在全球范围内打击恐怖主义，推进西方民主，并谋求世界霸权的外交政策原则。——编者注

当然，欧洲有时也未能理解国际体系的深刻变动，欧洲国家未能理解美国的对外政策调整不是针对欧洲，而是对整个体系的变化的反应，欧洲因此对美国的行为产生了错误认知，这加剧了二者的认同疏离。正如欧盟安全研究所发布的一份报告中所说，欧洲必须意识到"欧洲是和平的，但世界并不是"。从这个角度看，美欧关系在这一时期遭遇困境不仅是因为国际体系的变化，还因为双方对国际体系的状态以及存在的安全威胁的认知也有分歧。

除此之外，美欧在有关权力的认知上也不一致，包括权力的效用性、权力的道德性和权力的可取性。欧洲当时已经在超越权力斗争的历史，进入强调秩序、规则与合作的世界，实现康德提出的"永久和平"。而美国当时仍然困于权力争夺的历史时刻之中，在混乱的霍布斯式世界中挥霍权力，美国认为国际法和国际规则根本靠不住，真正的安全和自由秩序必须以军事实力为保障。因此，美国学者罗伯特·卡根（Robert Kagan）提出"美国来自火星，而欧洲来自金星"的说法。双方对国际体系、同盟关系，还有对"基地组织"和伊朗等敌手看法的不一致影响了他们的同盟政治行为，这些认知也影响甚至塑造着美欧的身份和价值观。

尽管冷战的惯性仍存，跨大西洋关系的制度性框架也依然健在，但美欧同盟关系正在最深层潜移默化地改变。美国在冷战时期的拓展威慑战略已经失去存在的理由，美国的霸权地位开始遭到冲击,美国仍然是这一时期最强大的霸权国,然而欧洲盟友已经开始通过一体化进程寻求一个更加独立于美国的身份认同。简言之,美欧双方既面临国际体系变化的冲击,也受到认知错位的挑战,而且这里的认知包括对盟友和敌友的双重认知,美欧同盟正经历认同危机。

三、"三观不合":美欧对外战略文件比较

21世纪之初,国际格局充满不确定性,在美国仍然主导多数国际事务的前提下,一些领域已经出现了多极化趋势。美国作为可能衰弱的霸权国,欧洲作为可能崛起的另一极,双方对国际形势、安全威胁和针对威胁的应对方式都产生了不同的认知,伊拉克战争造成的大西洋危机既体现了美欧严重的"三观不合",又对美欧的集体认同造成严重冲击。

大西洋两岸的认知差异体现在其迥异的政治话语之中,从双方出炉的对外战略文件中就可见一斑,典型例子是2002年美国的《国家安全战略》和2003年欧盟出台的《欧洲安全战略》。正如前文所述,官方文件既能够体现出行为体的认知,也能影响集体认同。这两份战略文件都具有权威性,第一时间反映了"9·11"事件发生后美欧的基本立场和认知。《国家安全战略》自诞生之日起就是美国对外战略最重要的指导性文件,而2003年的《欧洲安全战略》则是欧盟首份对外公开描述成员国共同安全战略的文件。

对比这两份文件前必须首先明确一些问题。如《国家安全战略》篇幅更长，在具体问题上的表述更加全面细致，而《欧洲安全战略》篇幅较短，在有的议题上只是蜻蜓点水、浅尝辄止，并未深入探讨。这与《欧洲安全战略》必须尽力平衡欧盟成员国，尤其是"三巨头"英国、法国和德国的不同态度有关。

此外，两份报告都有在"9·11"事件之后向国内和国际听众传递信号的目的。《国家安全战略》的话语态度强硬，对国际形势和安全威胁的严峻性进行了强调，希望为冷战后关于美国在全球的实力和职责的争议盖棺定论，并力证"反恐战争"势在必行。而《欧洲安全战略》则是共同外交与安全政策发展演进的成果之一，体现出欧洲希望提升自己在全球事务中的参与度，推动成员国厘清欧洲在安全领域的身份认同之争。亦有一些学者将《欧洲安全战略》称为"预备战略概念"，必须迅速进一步将其细化为可以确定欧盟在什么时间、什么地点、出于什么原因行动以及如何开展行动的机制。

（一）世界观的分歧

总体看来，美国认为21世纪的到来标志着世界迎来全新的时代，但整个战略文件仍体现出美国作为单极霸权的优越感，美国的战略出发点仍然是维持霸权地位。美国正处于新战略时代的开始，苏联解体后的和平与繁荣时代已经结束，时任国务卿科林·鲍威尔（Colin Powell）将这一转折点称为"后后冷战时代"（post-post-Cold War era）。时任国安会顾问菲利普·泽利科（Philip Zelikow）表示，"9·11"事件并没有创造新时代，"但刺激我们意识到新时代的到来，并促使我们寻求应对方式"。

因此，2002年的《国家安全战略》报告认为，在20世纪的大部分时间里，世界都被"极权"与"自由平等"的理念之争所分裂，但这种斗争已经结束。在新时代，美国较少受到他国的军事威胁，但会更多遭受对美国怀恨在心又手握灾难性技术的少数力量的威胁。同时，美国也面临着机遇，美国应当将其具有极大国际影响力的时刻"转换为数十年的和平、繁荣与自由"。

在这种世界变局中，美国的目标是"捍卫自由和公正，因为这些原则对任何地方的人来说都是正确的"。美国的任何安全战略都必须从这些核心信仰出发，"寻求拓展自由的可能性"，并让世界"摆脱邪恶"。美国的全球战略不仅体现在地域上，也体现在意识形态上，是一种"帝国逻辑"。

《欧洲安全战略》同样强调了新时代的到来，但欧洲并没有像美国那样急迫，欧洲认为全球化既有挑战也有机遇。一方面，欧洲认为世界上仍然有许多危机尚未被解决：如在中东地区甚至欧洲周边地区都存在武装冲突，以及冲突带来的地区不稳定；失败国家造成的跨国犯罪、非法移民和海盗行为等也在影响欧洲安全；恐怖主义和有组织犯罪的情况出现新变化，不仅在外部而且在内部对欧洲提出挑战；伊朗核问题也对地区稳定和整个防扩散体系造成威胁。同时，全球化让安全问题的内容变得更加复杂，新出现的问题包括能源供应、全球变暖等。全球化也加速了权力转移并加剧了价值观分歧。

但另一方面，报告认为全球化带来了新机遇，由中国领导的发展中世界的经济快速增长让千百万人口脱贫。在这样的世界观下，欧洲更关注的是国际秩序的稳定，尤其是欧洲秩序的稳定，而并没有像美国那样强调在全球层面维护自由或者民主。"自由"（freedom 或者 liberty）在美国《国家安全战略》报告中出现了 57 次，而在《欧洲安全战略》报告中只出现了 2 次。欧洲并不强调西方在冷战中的胜利，而是认为"20 世纪上半叶暴力"的终结是历史性的转折点。

因此，欧洲更看重一体化成功与否，认为这一进程是欧洲和平与稳定的推动力，报告也提出要通过合作实现和平。报告呼吁在国际层面强化国际法和多边秩序，这体现出美欧对世界的不同认知。

（二）安全观的分歧

美国判定世界形势出现新的转折点，认为过去苏联构成的安全威胁已经消失，因此《国家安全战略》中认为，美国面临的首要威胁是"具有全球触角的恐怖分子"，辅以"流氓国家"[1] 和大规模杀伤性武器，这三类威胁构成了美国的"致命挑战"，让美国体会到了脆弱感。报告也讨论了其他议题，包括大国竞争回归的可能性、军备竞赛、地区冲突和发展中国家的贫困问题。但这些问题都没有被定义为安全威胁。俄罗斯、中国、印度等大国被称为"反恐战争"的伙伴，贫困问题也在道德话语体系中变为追求更好的世界。

排在第一位的安全威胁是恐怖主义，报告将其定义为"针对无辜之人的预先策划并且有政治动机驱动的暴力行为"。报告并没有深入探究恐怖主义的成因，而是通过阐述恐怖主义行动的本质来确定其威胁，认为这种行为是邪恶的、不道德的，与世俗所接受的准则背道而驰。报告认为恐怖主义行为的性质与奴役、海盗以及种族屠杀一样，而且和20世纪所有的穷凶极恶的意识形态都有关。

紧随其后的是所谓的"流氓国家"和大规模杀伤性武器。根据《国家安全战略》，那些未能反对恐怖主义的国家同样对美国构成安全威胁。小布什曾表示，"我们不会区分恐怖分子和那些有意窝藏或向其提供帮助的人"。这种"非黑即白"的说法在逻辑上把恐怖分子与"流氓国家"联系在了一起，后者也成为美国的安全威胁之一。根据报告，"流氓国家"和恐怖

---

[1] 流氓国家指的是，试图获得违反国际法的武器，并试图挑起其他国家憎恶的战争，进行反人类罪或颠覆他国政体的政权。——编者注

分子一样会做出非理性行为，也更愿意做出冒险行为。而一旦"流氓国家"拥有了大规模杀伤性武器就会构成更大的威胁。报告担心，这样的国家拥有此类武器不是为了威慑，而是作为一种可用的军火选择，这种联系让美国对大规模杀伤性武器有了更为严厉的认知。正是恐怖分子和流氓国家的存在，使得大规模杀伤性武器以及相关知识和技术的传播成为必须被正视的安全威胁。

相比之下，《欧洲安全战略》报告开篇就表示，欧洲从未像现在这么安全，这意味着欧洲的安全感是增加了而不是减少了。不过，报告也注意到外部安全环境发生了变化，威胁变得更加复杂，各方互相依赖的程度加深，导致一系列全球性挑战的出现，如贫困问题等。

报告明确了五个具体的安全威胁：大规模杀伤性武器的扩散、恐怖主义、失败国家、有组织犯罪和地区冲突。尽管从表面看，这份报告列举的安全威胁与美国认定的很类似，但二者在如何定义各项威胁以及如何判断威胁的严重程度上仍有区别。

在大规模杀伤性武器上，《欧洲安全战略》与美国的报告不同，认为大规模杀伤性武器可能才是最大的安全威胁，这一点也体现在欧洲之后出台的《针对大规模杀伤性武器的欧盟战略》及其行动计划中。报告中描述了大规模杀伤性武器威胁可能出现的两个场景：一是地区的军备竞赛可能导致大规模杀伤性武器扩散，二是恐怖主义组织可能获得大规模杀伤性武器。与美国不同的是，欧洲虽然认可第二种情况是最可怕的场景，但强调大规模杀伤性武器的威胁也在于武器和导弹技术本身的扩散。因此，欧洲认为这一威胁不仅与不道德的国际行为体有关，还与游离于国际防控机制之外的国际行为体有关，其中也包括一些西方国家。

在恐怖主义方面，尽管报告认为恐怖主义日益成为欧洲的"战略威胁"，但这一威胁并没有像美国的报告中描述得那么紧迫。欧洲和美国在恐怖主义问题上的最大分歧是，欧洲认为恐怖主义的滋生也因为西方内部的失序，比如现代化的压力，文化、社会、政治危机以及青年人在社会中体验到的疏离感，因此恐怖主义现象也是欧洲内部社会问题的一部分。报告还强调了欧洲是有组织犯罪的"主要目标"，这些犯罪行为包括跨境贩毒、拐卖女性、走私武器、非法移民等，而美国的报告中并未讨论这些。

（三）权力观的分歧

世界观、安全观的不同导致美欧的权力观也出现分歧，美国虽然强调软实力，但重点仍然在硬实力上，而且美国权力的使用范围是全球，不局限于某个区域，使用方式更倾向于单边而不是多边。从普世的责任出发，《国家安全战略》不仅要求美国在战略上保卫和维护自由，还要求其进一步拓展自由。报告提出，美国将通过"鼓励自由和开放的社会"以及"促进政治和经济自由主义"拓展和平。通过推广美国模式,《国家安全战略》实际上提出的是美国改造国际体系的战略。报告将自由贸易和发展挂钩,认为"市场经济是促进繁荣、削减贫困的最佳方式",报告还认为以开放市场和建设民主机制为目标的结构性改革是解决地区争端的方法,"如果双方都没有自由,那么双方就不会有和平"。

促进经济发展和缓解地区紧张都得服从于反恐合作的需求,这是《国家安全战略》的首要关切。报告称,"取得和平与安全的唯一途径就是行动"。美国认为恐怖主义主要来自外部,如何反恐则应由美国说了算,报告宣称将在反恐行动中使用全部的国内和国际力量,包括军事、防务、执法、金融和情报资源。

其中,理念和军事成为所有任务的关键。就理念而言,美国外交的任务就是通过宣传"让世界人民了解和理解美国"。美国将其形容为理念之争,其目标是支持阿拉伯世界建立"现代政府",确保"恐怖主义失去肥沃的土壤"。军事方面,报告认为是时候"重新强调美国军事力量的关键作用"。美国在这一时期的首要军事任务是建设和维持足以应对挑战的防务能力。小布什政府认为传统的威慑已经失去作用,报告因此认为有必要把先发制人的自卫方式变成常识。为了缓解由此造成的恐惧,报告还将美国称为善良霸权,美国军力的全球部署被形容为"美国对盟友和朋友的承诺最显著的标志之一"。按照美国的理解，恐怖主义袭击主要针对的是自由的理念，所有的"自由国家"都必须以强硬的方式打击恐怖主义。

《国家安全战略》中的单边主义思维十分鲜明，几乎没有提及多边主义和联合国的作用。美国认为，各国的合作意愿是基于"美国的国际主义"，这种主义反映了"我们的价值观和国家利益的联盟"。由于"我们行动理由是清晰的，武力使用是恰当的，所追求的事业是公正的"，报告公开反对包括国际刑事法院在内的国际制约，表示只要美国的利益以及职责需要，就不排除发起单边行动的可能。报告也从未强调要发挥美国的实力以强化国际秩序和国际法的核心原则或者建设新的国际机制来应对新挑战。

由于欧洲并未在国际格局处于霸主地位，对威胁的看法与美国不同，对权力的认知和使用也更为谨慎，多局限于地区事务，并且更强调多边主义下的国际合作。《欧洲安全战略》中认为权力的使用应围绕三大战略目标展开，一是解决已经明确的主要威胁，二是促进欧洲周边的安全，三是在有效多边主义的基础上建设国际秩序。在如何使用权力的问题上，欧洲和美国之间的差异较为明显。首先，欧洲关于面对威胁如何使用权力的认知依据是其并不认为自己已身陷反恐"战争"（war），而只是遭遇了反恐"斗争"（fight）。在《欧洲安全战略》中"战争"一词只出现了 2 次，而在美国《国家安全战略》报告中"战争"一词出现了 36 次之多。谈及反恐，欧洲认为应当加强执法和情报分享方面的国际合作，而不是像美国那样强调理念斗争和军事战争。

美欧对权力使用的分歧还体现在"冲突预防"和"先发制人"上，欧洲在军事力量等硬实力的使用上比美国更谨慎。索拉纳强调的"冲突预防"继承了欧盟长期坚持的"预防文化"，是为了解决经济的根源性问题和冲突后的和平建设问题，这与美国秉持的进攻性军事行动理念有着天壤之别。《欧洲安全战略》唯一提及军事行动的一次是在讨论"让失败国家重新振作起来"时。而且，欧洲更强调的是军事行动作为冲突后稳定秩序的工具，正如报告所说，"地区冲突需要政治解决方案，但是在后冲突阶段或许需要投入军事资源和有效政策建设"。

美欧在权力观上另一个显著区别是对多边主义的重视程度。美国只是在需要时选择多边主义，但欧洲却认为除了多边主义别无选择，"国际合作是必需的"。欧洲希望将内部各国的合作经验推广至世界，尤其是在维护和推动国际协定和法律框架的完善方面，而这些都有助于解决恐怖主义和大规模杀伤性武器扩散的问题。正如报告中提到的："我们的安全和繁荣取决于有效的多边体系。追求更加强大的国际社会、更加高效的国际机制以及基于规则的国际秩序应当是我们的目标。"

总体而言，美欧在各自安全战略文件中表现出的"三观不合"可以通过表 4.2 得以总结：

表 4.2　美欧两份战略文件在世界观、安全观、权力观方面的认知差异

	美国《国家安全战略》	《欧洲安全战略》
世界观	全球性、普适性 （自由主义秩序、 人类尊严） 保持美国霸权	地区性 （多边主义秩序、 欧洲稳定） 维持欧洲声誉
安全观	"离经叛道"的信念及行为 恐怖主义（大规模杀伤性武器） "流氓国家"（大规模杀伤性武器） 伊斯兰世界	冲突本身 大规模杀伤性武器 失败国家 恐怖主义、有组织犯罪
权力观	预防性战争 意愿联盟 单边授权	冲突预防 国际机制 联合国授权

第三节　美国"反恐战争"与跨大西洋分歧

2001 年的"9·11"事件成为影响美国对外政策的重大事件，小布什政府此后开启了美国的"反恐战争"之路，其影响延续至今。在一系列对外军事行动中，2003 年的伊拉克战争体现了美国政府不受约束的单边主义，造成了大西洋两岸以及欧洲内部的严重裂痕，并导致美欧观念上的矛盾集中爆发，美欧的同质性遭到质疑。伊拉克战争是这一时期美欧认知分歧与

认同困境的典型案例。

一、不受约束的单边主义

学界通常用单边主义归纳总结小布什任内的美国外交政策。但实际上，克林顿第二任期内的对外政策已经显现单边主义的迹象，包括1998年拒绝签署《国际刑事法院罗马规约》，1999年支持推进违背《反弹道导弹条约》的"国家导弹防御系统"，在联合国安理会没有授权的情况下干预南斯拉夫政局等。小布什执政后则继续将单边主义发扬光大，2001年美国直接宣布退出《反弹道导弹条约》，2003年入侵伊拉克。

但应注意的是，这一时期美国信奉单边主义并不意味着拒绝一切国际合作，美国在科索沃的行动是在北约框架下与盟友的共同行动，针对伊拉克的"沙漠之狐行动"也是与英国合作开展的。因此，单边主义的定义应当更宽泛，指限制国际合作的对外政策，与消除国际合作限制和界线的多边主义相反。换言之，单边主义和多边主义是在完全一起合作和完全独自行动的光谱上衡量合作程度的不同描述。一个政策越接近完全一起合作，就越有理由被称为多边主义；相反地，一个政策越接近完全独自行动，就越有理由被称为单边主义。

因此，判定美国政府是否为单边主义时需要考虑其政策更靠近光谱的哪一段，也要对比与之前几届政府外交政策的差别。世纪之交美国政府的对外政策可以用单边主义来形容，但指的不是美国完全独自行动，而是相比以往越来越缺乏合作精神，越发不愿做出妥协或者不愿与其他国家协商，越来越少地依赖国际机制，甚至从一些国际协定中退出。

美国走向单边主义的一个重要原因是，美国认为在资金、军事、外交等领域，"搭便车"的盟友和伙伴开始不全心全意服从美国方案或支持"美国治下的和平"。一方面，美国仍然以霸权国自居，认为自己与"搭便车"的国家分担不同责任。尤其是在公共责任上，美国秉持"例外主义"，认为自己不应当与其他国家承担相同的责任，而当美国意识到其他国家不愿让美国享受例外后，通过单边主义保障自身地位与权益的冲动就越发强烈。

另一方面，多方协调的低效让美国不愿通过多边机制解决问题。在多边体系中，解决问题需要与多国协商并进行妥协，这往往会影响效率。而在问题无法及时得到解决时，作为霸权国的美国又会遭到质疑。在难以说服他国接受美国方案时，美国就更加倾向于采取单边的、更高效的方式解决问题。还有美国学者提出，美国实施单边主义政策是为了最终促进多边主义，一旦美国坚定地走上单边主义道路，其他国家就别无选择只能跟随，因为反对不会给这些国家带来好处，跟随才能得到美国的支持。美国的行为越是强硬，其他国家就越可能按照美国的想法合作，因为"霸权出海时没有人想被落在码头"。

然而，美国用强硬的态度发起合作的方式屡屡失败。其他国家可能与美国存在难以克服的分歧或者障碍，美国的一意孤行并不会使这些国家屈服，比如在科索沃危机中与美国存在战略分歧的俄罗斯，还有在2003年美国入侵伊拉克时出于国内政治原因不愿跟随美国的德国等。更有国家想通过与美国唱反调的方式体现自己的独立性，比如冷战期间以及伊拉克战争期间的法国。

二、美国对外政策的延续与调整

相比冷战时期的外交政策，克林顿政府与老布什政府的对外政策发生了很大变化，但也有对之前政策的延续，尤其表现在其战略目标都含有追求国际优势地位的考虑上。这种追求表现为两个目标，一是在有利于增加美国利益和传播美国价值观的开放国际体系中，美国必须居于核心地位；二是必须防止任何其他国家在地区取得霸权进而成为全球霸权，这意味着美国必须保持科技和军事领先地位。

杜鲁门政府推行的冷战遏制战略亦包含这种考虑。他提出美苏开展的是争夺优势的斗争，成为优势大国必须是美国的政策目标。冷战后，老布什推行的新世界秩序同样有此考虑，推广民主制度成为老布什和克林顿政府确保美国优势的方式，正如克林顿所言，"最终能够确保我们安全并建设持久和平的最佳战略是支持在各处推广民主"。

总之，不再面对苏联威胁的美国仍然推行确保自身优势地位和维护霸权的战略，确立有利于美国的国际体系和预防挑战美国霸权的威胁出现是对外战略的两大核心要素。

美国对外政策的战略目标没变，变化的是美国对安全威胁的认知及应对方式。2001年"9·11"事件之后，恐怖主义成为美国面临的最大安全威胁，一切资源都围绕"反恐战争"调动起来，"小布什主义"下的美国对外新战略由此形成（图4.1）。

图4.1　2001年"9·11"恐怖袭击发生后，
时任美国总统小布什向全美民众发表讲话

小布什政府内部的新保守主义人士的主张成为"小布什主义"的意识形态核心，主要体现在2002年出台的美国《国家安全战略》以及同年小布什在西点军校发表的讲话之中。"小布什主义"包括三大原则：一是应对恐怖分子和专制政权的威胁以捍卫和平，这意味着全球反恐战争是新战略的首要任务；二是通过防止敌对力量从地区霸权成为全球霸权维持和平；三是通过在各个大陆鼓励自由和开放的社会拓展和平，这意味着建立符合美国价值观的国际秩序。

"小布什主义"的核心要素是在必要时采取先发制人的军事手段，这或许也是"小布什主义"以及美国对外政策中最具争议的一点。由于"9·11"事件，小布什政府对安全环境的判断发生了巨大变化，装备大规模杀伤性武器的"流氓国家"和恐怖分子成为首要威胁，"9·11"事件也证明了恐怖分子破坏美国本土安全的决心。"9·11"事件带来的安全恐惧以及政府内部新保守主义派的鼓动让小布什政府无法忍受持有大规模杀伤性武器的"流氓国家"和恐怖分子的存在。

小布什认为必须在这些威胁成为破坏美国安全的实际行动前将其扼杀。正如2002年美国《国家安全战略》所述，"在'流氓国家'及其恐怖分子客户对美国及其盟友造成威胁或者使用大规模杀伤性武器之前，我们必须准备好阻止他们……必须在威胁出现前就进行威慑和抵御。"新保守主义派还认为，传统的威慑和遏制方法已经无法应对"流氓国家"和恐怖分子，支持恐怖分子的政权无法被威慑，因为这些政权"要么愿意为了追求的事业去死，要么能够逃避报复"。

在上述要素影响下，美国对外政策越发具有单边主义的特性。继续维持单极国际格局的努力以及"先发制人"的行动方式都体现出单边主义色彩。从美国无法在武力针对伊拉克一事上得到联合国安理会授权可以看出，美国先发制人的权力使用方式难以得到广泛的国际认可。然而，小布什政府并不认为这构成其对外政策调整的障碍。新保守主义派除了批评克林顿没有推翻萨达姆·侯赛因（Saddam Hussein）的政权外，还批评他在外交政策上遵循了多边主义。新保守主义派认为，单极霸权不需要追求多边主义，而应选择单边行动，而早在"9·11"事件之前，小布什政府就通过退出各类国际协议表现出了强烈的单边主义倾向。

随着美国对外部环境和其面临的威胁挑战的认知的改变以及对外政策的调整，自20世纪90年代末开始，有关欧洲在美国外交政策中处于何种地位的辩论在美国战略界持续升温。这一辩论主要包括两大核心议题，一是美国要在多大程度上投入资源以帮助欧洲建立冷战后的新秩序、促进欧洲发展？或者还是应当让欧洲自己负责自己的事情？二是美国对欧政策的长期目标是什么，是帮助欧洲解决巴尔干半岛剩下的问题还是帮助中东欧融入欧洲，以便未来美国再也不用担心欧洲大陆的冲突？还是应当更有远见，支持欧洲进行民主和安全建设、拓展其战略视野，并鼓励欧洲作为美国的亲密盟友承担更多国际责任？

这场辩论并无定论，但在这一时期，欧洲在美国对外战略中的地位下滑却是不争的事实，这也是冷战结束后跨大西洋关系面临的巨大挑战。这一点清晰体现在 2002 年的美国《国家安全战略》中，无论是作为一个地区的欧洲，还是作为同盟的跨大西洋关系都没有在美国对外战略中占据重要位置。这份文件宣告美国正将战略注意力从欧洲大陆向东部和南部转移，尤其是中东地区，因为美国认为新的安全威胁主要来源于此。

三、"反恐战争"与美欧分歧

在 20 世纪 90 年代，美欧各自忙于应对科索沃危机、北约发展、欧盟扩张等一系列事件，美欧关系并未发生剧烈变化，美欧全球合作的其他事项也并未被提上议程。然而，随着欧盟向中东欧迅速扩张和"9·11"事件发生，美欧关系遭到冲击。美国意识到恐怖主义成为新的安全威胁，在美国的认知中，欧洲是否愿意以及能够在全球扮演美国更为积极的伙伴越发成为影响美欧关系的一个重要变量。

面对美国由于践行单边主义而发起的伊拉克战争，欧洲内部出现分歧，一些国家认为美国不再自我约束，对权力的使用与欧洲倡导的方式背道而驰。欧洲不愿全力支持美国也让美国对欧洲的认知发生变化，这进一步削弱美欧同盟的同质性，双方的集体认同在伊拉克战争后出现严重危机。

美欧集体认同危机首先体现在"各说各话"的话语政治

上。在"9·11"事件之前,美欧的对外话语已出现不兼容的迹象,在"9·11"事件之后,美欧的话语分歧越发明显,彼此认同遭到冲击。尽管美欧都使用"国际威胁"来定义恐怖主义,但该用何种方式回应,美欧则出现了不同的意见。

小布什政府革新了过去的话语和符号来强化美国对反恐斗争的认同,主要是依靠"善恶对抗""非黑即白"的话语体系;而欧洲的精英和社会并不认为应当以"敌人"和"朋友"的区分定义一切问题。2002年1月,小布什在国情咨文演讲中提出伊拉克、伊朗和朝鲜共同组成"邪恶轴心":

> ……像这样的国家以及他们的恐怖主义盟友,构成了一个邪恶轴心,武装起来威胁世界和平。通过使用大规模杀伤性武器,这些政权构成了严峻并日益加剧的危险。他们可以把这些武器提供给恐怖分子,让他们有手段发泄仇恨。他们可以攻击我们的盟友,或者企图敲诈美国。在上述任何一种情况下,漠不关心的代价都将是灾难性的。

同年5月,在时任美国副国务卿约翰·博尔顿(John Bolton)暗示叙利亚、利比亚和古巴也属于"邪恶轴心"国家后,英国《卫报》(*the Guardian*)直接批判了小布什演讲中的说法,称其的发言为"无意义轴心"。小布什政府"非黑即白"的话语让欧洲盟友回想起冷战时期里根将苏联描绘成

"邪恶帝国"的行为,那时的欧洲也不愿认同美国的说法,而是寄希望于与苏联的缓和政策。

同样,欧洲并不认同用"我们"和"敌人"的区分去判断美国所描绘的威胁,担心用如此对立和激烈的方式扩大"反恐战争",只会损害欧洲的安全。因此,在小布什政府抛出"邪恶轴心论"之后,欧洲政治家想方设法以自己的话语做出回应,反复强调要通过多种方式打击恐怖主义。但欧洲提出的从社会经济根源层面解决恐怖主义问题并未打动小布什政府,美国认为这只不过反映了欧洲幼稚的理想主义。

"小布什主义"和小布什执政期间美国单边主义的高潮无疑是其在2003年发动伊拉克战争的原因。美国不顾以联合国安理会为代表的国际社会反对,一意孤行地对伊拉克发动了军事行动,甚至连萨达姆都对美国竟然会绕过联合国开展单边行动感到惊讶。

由于美欧对恐怖主义的威胁程度认知不同,欧洲内部对美国的看法也出现分歧,一些国家并不认为美国出兵伊拉克有利于欧洲的稳定与安全,反而认为这会制造更多地区矛盾,他们认为美国正以"反恐战争"之名行打击专制和"流氓国家"之实,其做法不仅会撼动战后依靠多边机制的国际秩序,还会打开"潘多拉的盒子",刺激其他地区大国效仿美国,这种认知大大削弱了美欧的集体认同。而美国则利用欧洲的内部分裂大做文章,提出"新欧洲""旧欧洲"之说削弱欧洲团结,进一步加剧了大西洋两岸的认同危机。

2003年3月20日，美国未获得联合国安理会授权，在所谓"意愿联盟"的支持下发动了对伊拉克的袭击。欧洲在支持还是反对美国发动军事行动的问题上出现分歧，暴露出欧盟对外政策上的条块化。

伊拉克危机期间，英国首相托尼·布莱尔（Tony Blair）呼吁大西洋两岸必须保持团结，而法国总统希拉克则坚持多极世界的理念，认为欧盟必须制衡美国霸权。英法的看法在欧洲国家中均获得了支持，西班牙、葡萄牙、意大利以及其他实力较为弱小的中东欧国家支持英国的看法，而德国、比利时、荷兰、卢森堡等国支持法国的看法，认为欧洲对外政策必须独立于美国。有意思的是，俄罗斯和许多阿拉伯国家也成为法国、德国立场的坚定支持者，而法国与俄罗斯在伊拉克问题上的战略联盟却又刺激新加入欧盟的东欧国家更愿意向美国的立场靠拢。

然而，这些所谓的"新欧洲"国家也并非全心全意、团结一致地支持美国。这些国家的民意与政策脱节严重，根据民调，有60%~70%的民众并不支持针对伊拉克的战争，对美国的支持率也急剧下滑，这些都给执政者带来一定的压力。而这些国家的政府内部也存在不小的分歧。例如，捷克总统瓦茨拉夫·哈维尔（Václav Havel）在签了支持美国对伊拉克的政策、象征欧洲分裂的"八人信"①后就失去了部分权力,其继任者瓦茨拉夫·克劳斯(Václav Klaus)直言如果是自己就不会签署那封信。捷克外长也和"八人信"保持距离,表示捷克"支持联盟但是不会成为联盟成员"。斯洛伐克、斯洛文尼亚以及匈牙利也持有类似立场,这些国家的政府内部都分歧不断。

除了冷战后国际格局变化带来的结构性因素外,美欧在"反恐战争"问题上的认知分歧也受到双方战略文化差异的影响。这种战略文化分歧从二战时就已显现,对于许多欧洲人而言,二战是抵抗民族主义的胜利;而对于美国人而言,二战是寻求民族主义的胜利。这种文化上的不协调导致大西洋两岸对外交政策中的集体主义看法迥异,西欧国家更重视多边主义,而美国对此态度模糊。此后,正如许多民调显示的那样,美欧的文化差异越来越大。包括英国和波兰等支持大西洋主义的国家在内,欧洲普遍与美国在许多根本性安全议题上有着本质性分歧,如多边主义、武力的使用、阿拉伯世界与以色列冲突等。

除了解决威胁的方式外,美欧对现存安全威胁的本质、根源和重要性等问题也有着不同的看法,双方在伊拉克危机上

---

① 签署信件的八个领导人和高级代表分别来自捷克、丹麦、匈牙利、意大利、波兰、葡萄牙、西班牙和英国。

的不同态度体现了认知分歧的严重性,但这绝不是双方认知错位的唯一案例。究其原因,除了卡根总结的美欧在权力的效力、权力的道德和权力的可获得性方面的不同外,美欧的战略文化在本质上的大相径庭也是重要原因。按照罗伯特·库珀(Robert Cooper)的观点,国家可以分为三类:前现代国家、现代国家和后现代国家。美国介于现代的主权国家和后现代的国家共同体之间,而支持集体行动和国际机制的欧洲属于彻头彻尾的后现代政体。埃里克·琼斯(Eric Jones)形象地将美国比作"牛仔"而把欧洲比作"律师",认为从国际层面看律师总是更得人心。

从美国方面看,"9·11"恐怖袭击给美国人的心灵造成了深深的创伤。一般而言,有过这种破碎经历的社会通常试图通过追溯其身份根源来重新定义其权力平衡方式以及获得安全的手段。在小布什的一系列讲话中包含大量历史的、传统的修辞手法和圣经内涵,这些都有助于定位美国人的战略文化和身份认同,并且小布什提到的文化背景在从1620年清教徒登陆马萨诸塞湾以来的美国历史中的关键时刻都发挥了作用。"道德上被选择的美国,注定要进行一场与邪恶的文明斗争","危机和苦难为国家实力复兴和精神复兴提供了机会",这些观念都体现在小布什的演讲内容之中。

如小布什在2002年1月29日的国情咨文中表示:

……文明世界面临前所未有的危险……在一个瞬间,我们意识到这将是自由历史上决定性的十年,我们被召唤在人类历史上发挥独一无二的作用……领导世界走向可以带来持久和平的价值观。

因此,小布什只给世界留下两个选项,"你们要么和我们一起,要么和恐怖主义一起"。小布什的高级政策顾问、新保守主义派代表人物理查德·伯尔(Richard Burr)说得更为直白,"如果我们必须在对抗恐怖主义、保护自己还是维护友好清单中的一长串朋友和盟友中做选择,那么我们会选择对抗恐怖主义、保护自己。"也就是说,美国发动"反恐战争"更多的不是为欧洲安全考虑,而是出于自身安全考量。

与美国不同的是,欧洲看待国际关系的视角源于另一种战略文化,这种文化在二战后欧洲一体化的过程中逐渐发展壮大。在2001年的恐怖袭击发生后,欧洲表达了与美国团结起来对抗安全威胁的态度,但在具体内容和方式上欧洲的想法与美国却极为不同。欧洲很少使用"战争"一词,在"他们"(恐怖分子)向"我们"宣战的语境中,"我们"往往指的是欧洲的价值观、民主制度、开放社会和人性等。欧洲也不会在这些表述中像美国那样夹杂宗教色彩,欧洲还着重强调需要强化法治和国际机制,并通过发展援助、开放发展中国家的市场、帮助欠发达地区融入全球经济等方式解决恐怖主义的根源性问题。欧洲想用符合自己战略文化和身份认同的方式解决问题，即依靠强调多边主义的"软实力"。

欧洲与美国不同，从来不是一个能够用单一身份认同定义的国际行为体，从这个角度看，美欧可谓天差地别。欧洲甚至欧盟都不是国家或联邦，其外交和安全政策不能用单纯的国家视角考察。正如库珀所说，欧洲是后现代政治体，成员国让渡了主权，但又缺乏强有力的中央系统。欧洲一体化基于自由、民主和平、让渡主权、安全和防务去国家化以及多边主义等理念。

从很多方面看，欧洲十分接近美国总统伍德罗·威尔逊（Woodrow Wilson）所倡导的国际社会模式。在这样一种"安全共同体"中，欧洲人认为战争是政治失败的表现，而不是一种外交方式，更不会加强欧洲的安全。但从另一个角度看，欧洲不是国际社会中的单一行为体，也没有单一的战略文化，因此在伊拉克危机期间未能保持统一的对外战略立场，造成了欧洲内部"欧洲主义"和"大西洋主义"、"旧欧洲"和"新欧洲"的分歧。

欧洲并没有团结一心支持美国的立场削弱了跨大西洋同盟的一致性，让美国感到遭"背弃"，而美国针对所谓"新欧洲""旧欧洲"采取的"分而治之"政策则让欧洲对美国的认同感进一步下降。

一直以来，欧洲是否支持大西洋主义已经成为欧洲身份认同的重要影响因素之一，比如法国对"盎格鲁-撒克逊"文化的厌恶和英国强调的英美"特殊关系"都是欧洲认同的不利因素。内部分裂在两极格局崩塌后进一步加剧，一方面，苏联威胁的消失让美欧的黏合度下降，另一方面，新加入欧盟的中东欧国家成为坚定的"大西洋主义者"。

但从欧洲开启一体化进程以来，美国一直支持欧洲团结，尤其是在冷战期间，美国认为联合而强大的欧洲有助于避免下一次战争，并制衡苏联的社会主义阵营。但在伊拉克危机期间，美国对欧政策却出现前所未有的转变，从鼓励欧洲团结转为利用欧洲分裂。欧洲在伊拉克问题上的分裂被美国称为以德法为主的"旧欧洲"、以苏联地区国家为主的"新欧洲"，还有英国、西班牙等支持美国的西欧国家间的斗争。正如时任美国国防部长拉姆斯菲尔德于 2002 年在评论法国和德国在伊拉克危机期间的表现时所说，"这就是旧欧洲。如果你们看看今天的整个北约欧洲，重心正在转向东边"。

美国在地区以及全球的安全战略目标是保持霸权，而美国针对欧洲的"新旧欧洲论"被欧洲认为是赤裸裸的针对欧洲的"分而治之"策略，欧盟外交与安全政策高级代表索拉纳在哈佛大学演讲时警告美国不要试图在欧洲盟友中"精挑细选"，并表示这只会让那些想要独立自主反对美国的国家更加坚定；瑞典前首相卡尔·比尔特（Carl Bildt）也撰文表示，"华盛顿有些人对欧洲分裂的状态幸灾乐祸"。欧洲对美国不受约束的单边主义和挑战欧洲底线行为的反感无疑是对跨大西洋集体认同的巨大冲击,双方在伊拉克危机期间的互信急剧下降,"自我"和"他者"的界限日益清晰。

第五章

"特朗普冲击波"与美欧同盟成本困境

考虑到欧盟在贸易上对我们做的事情，
我认为欧盟是我们的敌人。
——唐纳德·特朗普

看看唐纳德·特朗普的最新决定，有人
甚至会想：有这样的朋友，谁还需要
敌人。
——唐纳德·图斯克

第五章 "特朗普冲击波"与美欧同盟成本困境

2008年金融危机之后,美国在国际格局中的地位进一步遭到削弱,世界多极化趋势越发明显,国际格局进入转型调整期,"东升西降""南升北降"的态势难以阻挡,中国崛起成为影响国际格局的最大变量。在百年未有之大变局下,美欧关系进入深刻调整阶段。

第一节 国际格局之变

金融危机后,以"金砖四国"为代表的新兴国家继续强势崛起,以美欧为主的国际格局出现新变化。尽管西方普遍认识到国际格局发生重大调整,但美欧对国际格局及战略环境的认知仍然存在差异。

一、西方战略界对国际格局的代表性看法

从2008年金融危机至特朗普执政前后,西方战略界对国

际格局的主要看法大致分为三类。第一类观点认为国际格局仍然是"一超多强"的状态，即美国仍然是世界上唯一的超级大国，但是中国作为潜在的超级大国，其在国际格局中的影响力正迅速提升，造成既有格局的松动。美国国家情报委员会2012年出台的报告《全球趋势2030》认为，2030年前国际格局可能都将是"一超多强"的状态，但是随着其他国家的快速发展，"单极时刻"已经结束，"美国从1945年开始的在国际政治中占据支配地位的时代正迅速走向终结"。

美国也有战略学者在2016年提出，国际格局已经从"一超多强"的"1+X"体系转变为美国作为唯一超级大国、中国作为新兴潜在超级大国的"1+1+X"体系。其中前两个"1"分别是超级大国美国和潜在超级大国中国，而X则指的是其他强国。出现这种格局的原因在于，中国在经济实力上升不容小觑，德国、日本、俄罗斯等国都难以企及，但中国在整体实力上仍无法与美国抗衡。

在认为美国是唯一超级大国而中国是潜在超级大国的观点中，还有人进一步预测，未来国际格局将以中美对抗为主线，加之其他的大国关系组合，也有可能出现"准两极格局"。美国大西洋理事会与俄罗斯普里马科夫世界经济与国际关系研究所2015年12月发布的联合报告认为，国际格局可能出现的最糟糕的结果是出现一个新的两极世界，即以中国和俄罗斯为中心的国家集团与美国及其欧亚盟国发生对立；而另一个危险较小的结果是全球分裂为多个区域集团和势力范围,临时合作的可能性虽仍然存在,但缺乏保证。由于国际格局的巨大变化,新的国际秩序将会不可避免地出现。然而,像二战后那样依靠霸权国塑造国际秩序的情况不会出现,当下各国对新秩序的前景并无共识。

第二类观点认为多极格局或者类似多极的格局已经到来。比如早在2008年,时任法国总统尼古拉·萨科齐(Nicolas Sarkozy)就认为目前的世界已经不是单极世界,"超级大国"已经过时,世界将在未来三四十年内进入一个"相对大国"的时代,这是一个多极化的世界,欧盟如果有意愿,可逐步成为多极世界中最活跃的一极。

美国学者阿米塔夫·阿查亚(Amitav Acharya)在2014年提出,当前世界已不是单极世界,也不是传统意义上的多极世界,尤其不是二战前欧洲的那种多极格局,而是"多重世界"(multiplex world)。在这样的格局下,国际政治的关键行为体包括地区大国、国际机制、非国家行为体(无论好坏)、跨国公司等。这些行为体之间形成复杂和多维的相互依赖关系,不仅包含国际贸易关系,还包括资金流动和跨国生产等关系。"多重世界"的出现源于美国领导的自由主义霸权秩序的衰落,也与中国、印度、巴西、南非等新兴国家的崛起有关。

第三类观点认为世界权力高度分散,国际格局已经进入"零极"(G-Zero)或者"无极"时代。欧亚集团总裁伊恩·布雷默（Ian Bremmer）及研究主任戴维·戈登（David Gordon）于2011年率先提出"零极"的概念，认为世界已经不再拥有领导国家，没有哪个国家可以取代此前西方的尤其是美国的领导地位，这种权力真空是由西方衰落和发展中国家无心外顾造成的。美国自身出现问题，中国忙于国内发展事务，而欧洲疲于应付主权债务危机，日本在经济上也未能崛起，因此没有哪个国家有精力照料国际事务。

美国战略与国际问题研究中心的荣誉教授西蒙·塞尔法蒂（Simon Serfaty）在2012年提出国际格局已经进入"后西方世界"时代，美国"单极时刻"的终结代表着长达半个世纪的西方时代落幕，但随后开启的"后西方时代"将会较为混乱，将形成事实上的"零极"状态。法国外交部前部长洛朗·法比尤斯（Laurent Fabius）也于2013年提出类似"零极"的概念，认为当前没有一个强国或者强国联盟可以单独解决世界面临的所有危机。布雷默还认为，特朗普政府的对外政策进一步加速了美国秩序的瓦解，主导国缺位的态势更为明显。

当然，也有学者明确反对"零极"这一概念，认为美国仍然无可比拟地强于任何国家，后来居上的其他国家如果想对美国地位产生实质威胁尚需时日，而西方联盟也并非放弃了国际治理，在应对经济危机、核扩散威胁等事务中西方联盟仍然发挥主要作用。

二、美欧官方对战略环境的定位

在国际格局深刻演变的背景下，美欧对战略环境的官方认知可以从《国家安全战略》与《欧盟外交与安全政策的全球战略》等文件中得知。从奥巴马到特朗普，美国政府对战略环境的判断及对该如何应对安全威胁的看法都发生了较为明显的变化，但仍遵循维护霸权的逻辑。奥巴马更重视国际形势中积极向上的一面，强调国际合作，而特朗普政府看到了更多挑战，强调大国竞争的状况。相比小布什政府，美欧之间在奥巴马时期对国际形势的认知分歧有所减小，但在特朗普执政后重新扩大。

（一）从奥巴马到特朗普时期出台的美国《国家安全战略》

奥巴马政府在 2010 年和 2015 年分别出台《国家安全战略》，两份文件在国际形势上的认知基调较为平衡，认为国际形势既有发展与机遇，也有威胁与挑战。美国仍然保持世界领导地位，但面对纷繁复杂的全球性挑战，美国应当选择与各国携手合作。2010 年的《国家安全战略》还明确提出，冷战结束后二十年来，美国因为形势变化而面临着机遇和挑战。奥巴马政府认为，世界正在出现一些重大变革，如和平的民主国家迅速增多、核战争的阴霾被扫除、大国和平共处、国际经济不断发展、商业让各国命运相连、越来越多的个人能够决定自身命运等。文件中也列举了美国面临的挑战，包括意识形态之争让位于宗教信仰之争和族裔、部落的身份认同之争，核风险的扩散，经济不平等和不稳定加剧，有关环境、食品安全、公共健康的威胁与日俱增等。

尽管奥巴马政府没有直言美国是世界唯一的超级大国，但其强调了美国在世界上的领导作用，认为美国将延续已盘踞数十年的领导地位，因为美国拥有坚固的同盟、无可比拟的军事实力、世界最强大的经济实力、强劲的并不断进步的民主制度和活力十足的公民。美国在未来也将毫无疑问地继续"支撑全球安全"。

不过，奥巴马政府也认识到美国实力的局限性，提出无论国家多么强大，都"无法独自应对全球挑战"，只有与其他国家合作，才能取得更好结果。因此，美国的对外安全战略应聚焦于"更新"美国的全球领导方式，以更有效地实现美国在21世纪的利益。美国将利用国家实力塑造能够应对时代挑战的国际秩序，同时美国认为在这一秩序中所有国家都有一定的权力和责任。

2015年美国的《国家安全战略》中对世界形势的判断与2010年的文件一脉相承，在继续强调美国领导力的同时提出美国将如何发挥领导作用。一是确定领导目标。报告明确了美国在发挥领导力时将以国家利益为基础。国家利益包括保护国家、民众、盟友和伙伴的安全；在开放的国际经济体系中保证美国的经济繁荣；尊重国内价值和世界的普世价值；建立在美国领导下的以规则为基础的国际秩序等。

二是以实力领导。美国战略基础依然稳固，但不能因此掉以轻心，仍需不断加强在使用自身资源时的创新和审慎程度。美国应当继续增强经济基础、推动国防现代化、捍卫美国的价值观、提升国土防卫能力、提升国家安全工作人员队伍的能力与多样性等。

三是以模范领导。这一点尤其强调美国要遵守其希望他国遵守的国际规范和标准，同时在国内保证两党团结有助于确保更强的国际领导力。

四是借助有能力的伙伴领导。如果美国缺席，那么任何全球性问题都无法解决，但单凭美国能够解决的全球性问题也寥寥无几。美国要加强与其他国家、非国家行为体以及国际组织的合作。

五是通过美国拥有的一切实力工具领导。只有综合所有的战略优势，美国的影响力才能达到极致，而武力绝不是唯一工具，也不是美国在处理海外事务时的首要工具，更不是应对挑战的最有效的工具。相反，美国应当首先考虑采取有原则的和清晰的外交手段。

六是以长远视角领导。其一，美国必须认识到，国家间的实力分布更具动态性。G20重要性的日益提升证明全球经济实力的分布正在变化，亚洲、拉美、非洲等地区日益崛起。随着这些地区和国家的经济实力相对提升,其国际影响力也将随之改变。这种变化为合作带来机遇和挑战,尤其是中国、印度、俄罗斯的实力变化将影响未来大国关系走向。其二,实力的转移还不只发生在国家层面。次国家以及非国家行为体也在创造治理和经济机遇。其三,全球经济的相互依赖和科技的快速发展把个人、组织、政府以前所未有的方式连接起来。这使得新型安全网络与合作方式得以建立,拓展了国际贸易和投资的范围,但也让各方具有同样的脆弱性,面对如气候变化、网络攻击、流行病、跨国恐怖主义和犯罪等问题的共同威胁。其四,中东和北非地区的许多国家正发生权力斗争。其五,全球能源市场发生了天翻地覆的变化。

相比奥巴马政府,特朗普政府在2017年发布的《国家安全战略》虽仍从维护霸权的角度出发,但对美国战略环境提出了新的看法,认为和平与发展不再是国际形势的主流,竞争取而代之成为当前战略环境的主要现实,美国应当在美国优先原则的引领下调整对外战略。

报告在序言中就宣称,美国正处于一个竞争性的世界中,必须应对日益激烈的政治、经济和军事竞争。中国和俄罗斯正在"挑战美国实力,试图侵蚀美国的安全与繁荣",朝鲜和伊朗"破坏地区稳定、威胁美国及其盟友";恐怖组织、跨国犯罪集团等跨国集团的威胁也试图危害美国。面对这些竞争,美国必须反思过去12年采取的政策,即希望通过与对手接触并希望将其融入国际体系改变对方的策略,美国认为以接触求改变的假设前提失效了。报告认为,这些美国的对手正采用宣传手段和其他方式"诋毁美国民主制度",传播"反西方言论和不实信息",导致美国内部及其与盟友、伙伴之间出现分裂。报告还认为美国需要确保军事优势,让军事手段与其他手段一起保卫国家安全。

在对国际环境做出上述判断后,报告提出应实施"美国优先"战略以应对挑战,该战略包括四大支柱:一是保护美国民众、美国国土和美国的生活方式;二是促进美国繁荣;三是以实力求和平;四是提升美国影响。

(二)《欧盟外交与安全政策的全球战略》

相比2003年的战略文件,2016年发布的《欧盟外交与安全政策的全球战略》对国际形势的判断更悲观。但不同于美国特朗普政府的"大国竞争"甚至"新冷战"的视角,欧盟仍然认为欧洲面临的机遇大于挑战,并且坚持国际合作与多边主义才是应对挑战的有效方式。

欧盟认为当前的危机是生死攸关的,这种危机既存在于欧盟内部,也存在于欧盟外部。在东欧,欧洲安全秩序遭到侵犯,而恐怖主义和暴力冲突在北非和中东的肆虐,让欧洲也深受其害。非洲部分地区的经济增速仍然无法满足人口增长带来的需求,亚洲安全的紧张态势则不断升温,全球层面的气候变化也正成为新问题。

与此同时，欧盟也在危机和挑战中看到巨大机遇。全球经济增长、人员流动、技术进步以及不断深化的伙伴关系都让欧盟愈加繁荣，让民众能够更加富裕、长寿、自由。世界正变得更加复杂多变，但欧盟可以克服困难，建立更强大的联盟，更团结地在世界发挥作用。报告还提出欧盟的战略自主问题，认为有必要加强民众的共同利益观、原则和价值观。

但欧盟也认识到，只有捍卫基于规则的全球秩序和基于多边主义的国际体系才能实现目标，全球警察和个人英雄主义并不可取，欧盟既要强化跨大西洋关系和北约伙伴关系，也要与"新玩家"加强联系，开拓新模式。欧盟将致力于维护区域秩序，与欧洲内外的国家合作，推动全球治理改革，应对21世纪的挑战。正如欧盟外交与安全政策高级代表莫盖里尼（Federica Mogherini）在报告序言中所说："我邻居和伙伴的弱点就是我自己的弱点。"因此，欧盟将致力于制订双赢方案，超越国际政治是"零和游戏"的幻象，这一点与特朗普政府鼓吹"大国竞争"式零和博弈的战略方向截然不同。

在此背景下，文件明确了欧盟对外战略的利益与原则。欧盟既要促进欧洲内部民众和环境的安全，也要确保欧洲以外的区域的安全，因为二者无法分割。对外，欧盟致力于促进基于规则的全球秩序，提供全球公共产品，建设和平及可持续的世界，多边主义将是全球秩序的关键原则，联合国成为该秩序的核心。在一个联系更为紧密的世界中，欧盟将与其他各方接触，还将采取全球行动以解决冲突和贫穷的根源性问题。欧盟将成为负责任的全球利益相关方，但全球责任也必须由各方共同承担。

第二节 "美国优先"与欧洲战略调整

一、从"奥巴马主义"到"美国优先"

（一）"奥巴马主义"

在两场"反恐战争"以及金融危机的冲击下，美国的国际实力相对下降，奥巴马执政后的美国外交风格从小布什时期的单边主义重新摆向传统的自由主义和多边主义。奥巴马政府围绕"谋变革""求平衡""慎用权""巧伸手""倡多边"等方面逐渐形成了这一时期在对外政策上"不做蠢事"的"奥巴马主义"。这种外交方式追求更为公正、和平以及稳定的全球秩序，认为应当更关注遭到恐怖主义、核扩散、气候变化等问题威胁的全球公域。

具体而言，"奥巴马主义"的对外政策主要包含以下几个方面。

第一，改善与新兴大国的关系，强化美国的外交触角。这主要体现为奥巴马政府更重视 G20 机制而不是 G8 机制，并且支持印度成为安理会常任理事国。除了英国和法国之外，G8中的其他欧洲盟友都担心奥巴马政府会将其边缘化。这种忧虑在2009年12月哥本哈根气候变化峰会上得以证实，美国和中国、印度、巴西、南非等国的领导人达成协议，而欧洲国家和欧盟基本被蒙在鼓里（图5.1）。

图 5.1　2009 年，奥巴马在哥本哈根气候变化峰会上与欧盟及欧洲国家领导人交谈

第二，推出亚太"再平衡"战略，优化全球资源配置。由于美国的国际实力相对下降，奥巴马政府必须在全球更巧妙地分配资源。更具发展潜力的亚太地区成为其资源转向的目标地区，这也意味着美国将在欧洲和中东地区进行相对的"战略后撤"。美国的亚太"再平衡"战略包含六项行动计划，包括

强化双边安全同盟、与新兴国家深化关系、接触地区多边机制、扩大贸易和投资范围、建立更广泛的军事存在、推动民主与人权建设。

第三，缓和与伊斯兰世界的关系，谨慎使用武力。2009年6月奥巴马在开罗发表题为《一个新开始》的演讲，标志着美国新政府致力于改变小布什政府时期美国与伊斯兰世界的紧张关系。奥巴马在演讲中呼吁加强伊斯兰世界和西方的彼此理解和往来，双方都应该在抗击暴力极端主义上做得更多。在伊拉克战争的问题上，奥巴马强调使用外交手段以及打造国际共识的重要性，他承诺在7月将战斗部队撤出伊拉克，并在2012年实现全面撤军：

> 我来到开罗是为了寻求美国和世界各地伊斯兰文化群体之间的一个新开始，一个基于共同利益和相互尊重的开始，一个基于美国和伊斯兰文明不彼此排斥也不需要相互竞争的开始。相反，它们相互重叠，拥有共同原则——正义和进步的原则；宽容和全人类的尊严……
>
> 今天，美国肩负着双重责任：一是帮助伊拉克打造更美好的未来，二是把伊拉克交给伊拉克人。我已向伊拉克人民明确表示，我们不寻求在他们的领土或资源上建立基地，也不主张任何权利。伊拉克的主权是自己的。

在海外军事行动上，奥巴马比前任更为谨慎，采取"轻脚印"、多边、低成本的方式实施海外军事干预。比如在利比亚危机中，奥巴马政府采取了"背后领导"的方式，把更多责任交给了英国、法国等欧洲国家；在叙利亚危机中，奥巴马认为叙利亚政府使用化学武器的行为触及"红线"，但最终仍然因为其他国家的反对和国会的限制而没有真正动用武力。

第四，对敌对国家实施"伸手外交"，营造良好的外部环境。奥巴马在 2009 年 1 月的就职演讲中向敌对国家释放善意，表示"如果你们愿意松开拳头，我们就会向你们伸出手"。奥巴马任内"伸手外交"的最大成果是美国与古巴重新恢复外交关系。在经历 18 个月的秘密谈判之后，两国在 2014 年 12 月宣布开启关系正常化的进程。随后，双方动作不断，包括两国领导人首次在美洲峰会实现会晤，两国官员举行一系列有关外交关系的高级谈判等，美古关系正常化在奥巴马任内重新启动并驶入"快车道"。

在伊朗核问题上，在经历艰难的"三步走"过程后，美国、中国、法国、英国、德国、俄罗斯、欧盟与伊朗在 2015 年 7 月 14 日达成《联合全面行动计划》(*Joint Comprehensive Plan of Action*，JCPOA)，简称"伊朗核协议"，其中伊朗在核开发方面做出了内容丰富的承诺，换取包括美国在内的各方放松或解除对伊朗的制裁。

第五，推动多边主义外交，强化全球治理能力。相比小布什的单边主义，奥巴马选择在多边主义的框架下发挥美国的领导力。"无核世界"是奥巴马政府多边主义外交的亮点之一。在核裁军和防扩散领域，奥巴马2009年4月在布拉格发表演讲时称，美国寻求"没有核武器的和平与安全的世界"。2009年9月，奥巴马在联合国大会上主持了联合国安理会的特别会议，之后又于2010年4月在华盛顿举行了首届核安全峰会，同时还发布了美国的《核态势评估》，明确核领域的新政策：对于那些放弃核武器的国家，美国将承诺"不首先使用"核武。在气候变化、伊朗核协议等问题上，奥巴马也更倾向于依靠多边机制，以"软实力""巧实力"为工具，加强与其他国家的合作，通过集体行动解决全球性难题。

（二）"美国优先"大战略引领对外战略调整

特朗普执政后，美国外交政策发生了一系列变化，对外政策的重点围绕"美国优先"战略渐次铺开，以谋胜"大国竞争"为总体目标，以重塑盟友关系为重点手段，企图在国际变局之中维持美国霸权。特朗普政府外交政策的调整看似与奥巴马时期大相径庭，但其暗含的战略逻辑并未彻底更迭，仍然奉行以"战略收缩"求"霸权地位"的路线，只是特朗普时期的收缩更为彻底，脱掉了过去"自由主义"的外套，露出了实力政治的内核。

特朗普强调更多的不是像奥巴马那样通过"巧实力"节流，而是通过追求所谓的"对等与互惠"、以自身实力压迫他国让步等强硬方式"开源"。正如美国学者巴里·波森（Barry

Posen）指出的，美国已经无力调和自己的野心，选择全球扩张的大战略将是没有必要、适得其反、成本高昂的。相反，美国应当放弃这种与国家利益没有直接关联的野心。因此，特朗普政府的《国家安全战略》明确提出，美国的对外安全战略是"有原则的现实主义"，这种现实主义不是由意识形态驱动，而是由结果驱动，一切行动都以价值观为引导，以国家利益为准绳。

特朗普政府在"美国优先"大战略下的对外战略收缩最明显的表现是其延续了奥巴马政府将战略重心从欧洲、中东向"印太"转移的大趋势。特朗普政府的印太战略实际上换汤不换药，仍是美国对全球资源重新配置并谋求竞争优势的主要抓手。2017年年底美国正式发布印太战略，特朗普在11月访问越南时描绘了一个"自由和开放的印太"前景。此后，美国逐步细化落实其印太战略，特朗普在2018年12月签署《亚洲再保证倡议法案》（*Asia Reassurance Initiative Act of 2018*），提出印太战略的整套方案。2019年6月，美国国防部公布首份《印太战略报告》（*Indo-Pacific Strategy of the United States*）。该报告系统阐明了美国与"印太"的历史联系，美国的印太战略原则、愿景和主要调整等。2019年11月，国务院发布名为《自由和开放的印太：推动共同愿景》（*A Free and Open Indo-Pacific*）的报告，阐述了在"印太"地区美国的"全政府战略"在两年中取得的外交、经济、治理、安全和人文方面的进展。

具体而言，美国在安全上的主要目标是在地区搭建网络化的安全架构，维持美国在区域安全方面的主导地位。特朗普政府继续推动和加强与日本、韩国、澳大利亚、菲律宾等传统盟友的关系，推动美国和日本、印度、澳大利亚的四方对话，同时加强与包括南亚、东南亚及英国、法国、加拿大等有"太平洋身份"的关键盟友的关系，并增强与印度的外交、经济与安全关系。在朝鲜半岛问题上，特朗普政府实施了"极限施压与接触"的双轨政策，并借机加大与韩国、日本在导弹防御等领域的合作。

在经济层面，特朗普政府在 2018 年宣布将投入 1.13 亿美元支持"印太"地区的基础建设，包括数字经济、能源和其他基础设施建设。美国政府还将努力构建数字连通和网络安全伙伴关系；并推动亚洲"能源增进发展和增长计划"，计划 2018 年投资近 5000 万美元，帮助"印太"地区的合作伙伴进口、生产、运输、储存及部署能源资源；发起基础设施交易及援助网络，成立新的印太交易顾问基金等。

在意识形态上，美国试图在地区打造更大范围的"价值观同盟"。由于所谓的"文明冲突论""意识形态冲突论"在美国国内沉渣泛起，特朗普政府扬言要联合价值观一致的国家和地区共同对抗"修正主义"国家，意识形态成为美国印太战略的重要组成部分。

特朗普政府的战略收缩还体现在其对待全球治理和国际机制的态度之上。与奥巴马政府截然相反，特朗普任内的美国不再青睐多边主义，认为全球治理体系、国际机制或者国际条约并未使美国受益，反而成为其他国家搭美国便车的平台，这不利于美国在国际形势的新变化下维护自身霸权。然而，美国的"退群主义"不仅让其逃避了在国际上应承担的责任，也是其对全球的领导地位逐渐放弃的表现。这种放弃并不意味着美国从此走上孤立主义道路，美国依然对叙利亚发动了有限的军事打击，对伊朗实施了制裁，但美国不再领导同盟体系、打造设立国际关系准则的地区和全球机制，也放弃了塑造世界秩序的规则制定者角色。特朗普执政以来，美国利用"不对等""吃了亏""无效用"等理由单边退出或强制重谈部分国际机制和国际条约，对现有全球治理体系和国际秩序造成严重冲击。相关情况可见表5.1。

表5.1 特朗普政府针对相关国际机制或国际条约的行动情况

机制或协议名称	简况	美国的行动
《跨太平洋伙伴关系协定》(Trans-Pacific Partnership Agreement, TPP)	2016年奥巴马政府签署协定，但一直未获国会批准。该协定包括12个成员国，旨在促进亚太地区的贸易自由化	2017年1月，特朗普签署行政命令，宣布美国正式退出TPP
《巴黎协定》(The Paris Agreement)	2016年奥巴马政府签署加入，协定对2020年后协议各方应如何应对气候变化做出了安排	2017年6月，特朗普宣布美国将退出《巴黎协定》。2019年11月4日，美国政府正式宣布退出

续表

机制或协议名称	简况	美国的行动
联合国教科文组织	联合国专门机构,致力于推动各国在教育、科学和文化领域开展国际合作	2017年10月,美国国务院发表声明宣布退出联合国教科文组织
《安全、有序和正常移民全球契约》(Global Compact for Safe, Orderly and Regular Migration),简称《移民问题全球契约》	2016年9月,联合国全体大会通过旨在为难民和移民提供更多保护的意向声明,2018年12月19日,第73届联合国大会正式通过《移民问题全球契约》	2017年12月3日,美国常驻联合国代表妮基·黑利(Nikki Haley)宣布美国退出《移民问题全球契约》的制订进程
联合国人权理事会	属于联合国系统的政府间机构,负责在全球范围加强、促进和保护人权	2018年6月,美国常驻联合国代表黑利与国务卿蓬佩奥宣布美国退出联合国人权理事会
《伊朗核问题全面协议》	2015年7月在维也纳签订,签署方包括中国、美国、俄罗斯、法国、英国、德国与欧盟,旨在解决伊朗核危机	2018年5月,特朗普宣布美国退出《伊朗核问题全面协议》
万国邮政联盟	联合国专门机构,旨在协调成员国之间的邮务政策	2018年10月17日,美国政府致信万国邮政联盟,称将启动退出该联盟的程序;2019年10月15日,美国政府正式宣布放弃退出万国邮政联盟

续表

机制或协议名称	简况	美国的行动
《北美自由贸易协议》（North America Free Trade Agreement）	1994年1月1日正式生效，签署国为美国、加拿大和墨西哥	特朗普政府提出重新谈判，三国于2018年就更新协定达成一致，2019年12月三国代表正式签署《美墨加协定》（The U.S.-Mexico-Canada Agreement）

二、美国对欧政策调整

随着国际格局的"东升西降"，美国一方面囿于实力所限必须重新配置全球资源，另一方面必须重视更具经济和地缘前景的亚太。因此，无论是奥巴马还是特朗普执政期间，欧洲在美国对外战略中的地位都在不断下降，如果说奥巴马政府实施的亚太"再平衡"是对欧洲的"伤害"，那特朗普执政后的一系列对欧政策则是对欧洲的"二次伤害"。

实际上，欧洲在美国全球战略版图中地位的下降始于小布什，从小布什、奥巴马至特朗普美国政府的外交政策大致可分为战略惯性、战略转向和战略松散三个阶段。由于"9·11"事件在小布什任内发生，原本打算从中东和欧洲抽身的美国不得不留守欧洲边缘地带维稳，这一时期美国的战略重点虽然不在欧洲，但依然在欧洲的"大周边"，反恐合作的需求也让美国不能完全无视欧洲的感受。这一阶段的跨大西洋关系主要依靠冷战后十年的战略惯性维持。

奥巴马执政后美国虽重返多边主义,但外交重心转向亚太,美欧关系实质上未能恢复如初。奥巴马政府的亚太"再平衡"战略与"撤离"欧洲战略几乎同步开展,欧洲在美国全球战略部署中的能见度继续下降。同时这一时期的欧洲却遭遇多重挑战,经济上的欧债危机暴露欧盟的内部分歧;政治上的民粹主义推动欧洲的政治极化;安全上的恐怖袭击、难民危机让欧洲不得不思考"战争与和平"的问题。然而,相比此前的美国政府,奥巴马政府对欧洲内部和周边的危机都保持较为冷淡的态度。

特朗普执政以来,美欧关系进入战略松散状态,美国对欧洲事务投入继续下滑,对欧洲的反应不再敏感,甚至屡屡触碰欧洲底线。欧洲议题在美国外交决策中被边缘化,美欧同盟关系的交易性上升,同盟基础受到撼动,跨大西洋关系面临更复杂的困境。

特朗普政府的对欧政策呈现延续与变化并存的特点。特朗普政府仍然多次强调美欧需要团结一致,意图在"大国竞争"背景下稳固跨大西洋传统盟友关系,夯实所谓的西方"价值观联盟"。2017年2月,副总统彭斯出席慕尼黑安全会议时就向欧洲盟友喊话,"历史证明美欧只有和平、繁荣了,才能推进世界和平与繁荣","美欧的命运彼此交织,一百年来我们的关系如此强大，为保护你们，美国人民在国内已经竭尽全力"。彭斯还在与欧盟主席容克、欧洲理事会主席图斯克、欧盟外交和安全政策高级代表莫盖里尼、北约秘书长延斯·斯托尔滕贝格（Jens Stoltenberg）的会谈中多次强调跨大西洋关系的重要性。特朗普在同年7月访问波兰时亦发表讲话强调，"强大的波兰是欧洲之福，强大的欧洲是西方和世界之福。"在此之后，美国与欧方一直保持较为频繁的高层往来，从总统到国务卿都多次访问欧洲，传递稳固跨大西洋关系的积极信号（图5.2）。

图5.2　2017年，特朗普在波兰首都华沙发表演讲

特朗普政府不断调整针对欧洲各国的策略，从一开始的"稳英、重法、轻德"转向"分而治之"。稳住英国，即继续强调美英"特殊关系"，并承诺在英国脱欧之后率先推动美英自贸协定谈判。时任英国首相特蕾莎·梅（Theresa May）亦成为特朗普就职后首位访美的外国领导人。

重视法国，即在英国脱欧和德美保持距离的情况下，以和马克龙的"惺惺相惜"为纽带，以反恐和安全领域合作为突破口，将法国打造为美国对欧施加影响力的新抓手。2017年7月，特朗普在访问欧洲不久后就访问法国，双边气氛一度十分热烈。在贸易问题上，两国同意"兼顾贸易自由与平衡"，推动美欧携手"阻止倾销，保护国内产业"。在反恐问题上，两国将在伊拉克、叙利亚建立联络组，协力根除"伊斯兰国"，在利比亚和萨勒赫地区强势维稳。

轻视德国，即由于德国与美国在全球治理、自由贸易等问题上分歧较大，美国在战略上不再把德国当作欧洲的"首要盟友"，并重点在经贸领域"敲打"德国。2017年3月，默克尔访问美国，与特朗普就多个议题深入交流，但两国在移民问题、双边贸易、北约军费、全球治理等问题上分歧显著。

但随后，由于美国与法国、德国在经贸、伊朗核协议、气候变化等问题上的矛盾层出不穷，加之英国脱欧让美国失去了其在欧盟的桥梁，特朗普政府转而对欧洲采取"分而治之"的策略。美国有意甩开法国、德国，试图将中东欧打造为美国地区战略的新抓手。2019年2月，美国在对中东事务并没有较大发言权的波兰召开会议，将波兰打造为美国在欧洲内部关于中东事务的"新代言人"的意图明显。同年6月，波兰总统安杰伊·杜达（Andrzej Duda）访问美国，两国达成防务合作声明，驻波兰美军增加 1000 人，两国关系随之迅速升温。

从具体领域看，政治上，特朗普政府在"欧洲一体化"的问题上不愿明确表示支持。尽管历史上美国政府对欧洲一体化的考虑时有变化，但表示支持欧洲一体化与欧洲团结是美国历任总统对欧政策的"政治正确"。特朗普不信任欧盟的组织机构，认为其过于官僚主义和低效。特朗普不仅未曾明确表示过支持欧洲一体化，还强力支持英国脱欧，通过承诺率先与英国达成脱欧后的自由贸易协定，帮助英国提升与欧洲谈判的底气和筹码，特朗普甚至希望通过打造美英自贸协定作为"样板"，鼓舞更多国家脱离欧盟。

经贸上，特朗普政府以贸易战、关税战等方式施压以促使盟友作出让步。美国不再认同其作为盟友体系的领导可以"少取多予"，而是认为盟友"搭便车"的行为不利于美国维护霸权，因此美国转而追求经济上的对等，通过自己的体量强力施压于盟友使其在经贸问题上让步。2017 年 6 月，美国宣布对欧洲钢铝产品加征关税并威胁说要对在欧洲组装的汽车征收 20% 的关税。由于欧盟采取了反制措施，2019 年 10 月美国再次升级关税战，对价值 75 亿美元的欧盟输美商品加征关税，加征对象包括民航飞机、奶酪、威士忌、葡萄酒等商品。美欧双方还在"数字税"、波音及空客补贴等问题上频频过招。

安全上，特朗普政府不断弱化北约的纽带作用。从冷战至今，北约是绑定美欧同盟安全关系的最强纽带，也是美欧军事同盟的核心。然而，特朗普在正式就职前就抛出"北约过时论"，认为北约因没能妥善应对恐怖主义而变得"过时"，而且指责北约盟友搭美国的便车，没有承担应尽的责任。之后，特朗普虽然改口称北约不再过时，但是在北约集体防务上的反复态度以及对北约盟友施压让其承担更多军费的行为都让欧洲感到心寒。

三、欧洲对美国的"双重切割"

对于相对弱势的欧洲而言，"特朗普冲击波"促使其开启新一轮关于美欧关系前景的大辩论，辩论的议题主要包括以下两个。第一个问题是如何看待"特朗普现象"，特朗普执政时期呈现的美国外交特征是否为暂时现象，一旦美国更换新总统，跨大西洋关系有没有可能重回正轨。

欧洲方面则认为，正反两个答案都有大量证据支持。美国人在民意上多数反对抛弃北约，美国公民社会、商业团体以及包括国会和政府机构在内的政治建制派都有支持美欧关系的规范网络。但是，特朗普政府已经剥去自由主义的外衣，不愿在当前的国际秩序中扮演合格的领导角色。有学者认为，特朗普任内美欧关系的"新断层线"既不是地理上的"东西之分"，也不是意识形态上"左右之争"，而是基于全球化及自由主义国际秩序上的结构性、长期性分歧。而且，无论是在特朗普任内，还是奥巴马、小布什任内，欧洲在安全上"搭美国便车"的看法均是两党共识。

第二个问题是,欧洲应不应该为"后大西洋主义"做好准备,这一讨论在德国尤其激烈。"大西洋主义者"认为,"脱美"的想法对欧洲并无益处,欧洲在安全上仍须依赖美国,美欧仍互为"不可替代的伙伴";"后大西洋主义者"认为,美国既无能力也无意愿充当欧洲的保护者和稳定器,欧洲必须系上安全带,应对颠簸的"后大西洋主义时代"。

由于欧洲对美政策的辩论并没有结论,欧洲对于美国只能采取"双重切割"这一权宜之计。第一重切割是将欧洲对美国依赖较深的安全领域与其他产生分歧的领域切割。在安全防务领域,特朗普政府实际上加强了对欧洲的安全支持,欧洲盟友也不断增加与美国在北约框架下的防务合作。美国加强了全球军事战略部署,加大了对美欧安全机制和北约的投入,并加强对俄罗斯的威慑。如在 2017 年年底,美国政府决定向乌克兰出售包括反坦克导弹在内的致命性武器;从 2017 财年至 2019 财年,美国国防授权法中用于支持"欧洲威慑倡议"的资金逐年递增从 34.197 亿美元上升到 2018 财年的 47.773 亿美元,再到 2019 财年的 65.314 亿美元。美国和北约盟友还推出"4 个 30"的加强战备倡议,即在 2020 年前北约实现在 30 天或者更短的时间里部署 30 个机械化营、30 个空军中队和 30 艘作战舰艇的能力。

但在经贸、伊朗核协议等其他领域,欧洲却坚决捍卫自身权益,甚至不惜对美国采取反制措施。在经贸领域,欧盟一方面和美国开展经贸磋商,另一方面也用关税武器反制美国。2018年,欧盟决定对从美国进口的一系列总共价值32亿美元的产品清单征收25%的关税,这些产品包括大豆、稻米等农产品以及哈雷摩托车、波旁酒等消费品。2019年,法国主动出击,其议会通过了征收"数字税"的法案,向全球数码业务超7.5亿欧元并且来自法国境内用户的营业额达2500万欧元的跨国企业征收税率为3%的"数字税"。这一法案针对的对象很明显是美国多家大型跨国科技企业,包括谷歌公司、亚马逊公司、苹果公司等。此举激起美国的强烈反应,威胁对法国价值18亿欧元的产品征收报复性关税。尽管双方在艰难地谈判后暂时达成协议,但未来能否彻底解决美欧之间的数字经贸矛盾尚未可知。

在《伊朗核问题全面协议》方面,欧盟努力对冲美国退出带来的冲击,试图尽力保全协议的成果。为了绕过美国针对伊朗的次级制裁[①],2018年9月,欧盟提出要建立新的支付机制"特殊目的工具"(SPV);2019年6月,英国、德国、法国三国建立对伊朗的贸易结算支持机制"贸易交换支持工具"

---

① 次级制裁是指制裁发起国对制裁对象进行制裁的同时,限制第三国的组织或个人与目标方进行金融和贸易往来,并对违反规定的第三国组织或个人实施处罚。

（INSTEX），以便和伊朗进行非美元贸易交易；2019年11月，芬兰、比利时、丹麦、荷兰、挪威和瑞典发布联合声明，表示将加入INSTEX机制。然而，由于美国对伊朗的制裁日趋强硬，欧洲国家仅仅依靠INSTEX已经无法吸引伊朗完全遵守核协议内容，伊朗逐步放弃核协议中的一些限制性条款。

第二重切割是将以特朗普为代表的"反建制派"与美国政治中的传统建制派进行切割。欧洲仍然有许多人士认为特朗普对跨大西洋关系的冲击是暂时的，美欧同盟关系在特朗普卸任后仍能回归正轨，因此不能将通往大西洋一侧的桥梁彻底烧毁，必须积极引导、塑造美国建制派对跨大西洋同盟的认同。众多欧洲学者提出"不能因为特朗普的政策，而烧掉通往美国的大桥"，应大力接触美国政治和社会各界，向美国民众传递信息，培养民间友好力量。

欧洲各大国领导人也是这么做的。英国首相特蕾莎·梅在2017年1月访问美国，访问期间专程前往美国共和党大会，不仅会见了参议院共和党领袖米奇·麦康奈尔（Mitch McConnell）、众议院议长保罗·瑞安（Paul Ryan）等共和党建制派代表人物，还在大会上发表演讲。在演讲中她不仅强调英美特殊关系，还特意强调美国在"自由世界承担领导责任的命运"，并指出世界银行、国际货币基金组织、北约等多边机构和机制的重要性，其接触共和党建制派以敲打特朗普政府的用意明显（图5.3）。2018年4月，法国总统马克龙访问美国时也前往国会发表演讲。除了强调两国坚固的同盟关系外,马克龙也强调了两国共同理念的重要性,谈及 70 年来两国坚持的一些基本价值观正遭受质疑,指出大西洋两岸共同存在的"恐惧与愤怒",委婉地向在场的国会议员表达对特朗普政府"美国优先"政策的不认可。

图 5.3　2017 年,特朗普在白宫会晤来访的英国首相特蕾莎·梅

第三节　美欧同盟的成本困境

这一时期,美欧同盟关系主要面临的是同盟成本引发的"抛弃"与"牵连"困境。从美国方面看,为了维护霸权必须

减少对欧洲盟友的防务成本投入，因为美国担心过度投入会导致其在经济上受到欧洲盟友的"牵连"，但与此同时美国又希望欧洲成为其"大国竞争"战略中的得力助手，而这二者难以兼得，美国的紧逼可能导致欧洲在战略上的"背叛"。

从欧洲方面看，欧洲认为美国看似采取的是"成本转移"策略，实际上却是在战略上抛弃欧洲，因此必须增强战略自主性才能在国际舞台上有更强的底气推动自己的议程，但欧洲又担心步子迈得太大反而导致美国过早在安全领域抛弃欧洲。

因此，美国维护霸权的成本调整与欧洲对战略自主的谋求都在一定程度上加剧了双方担心彼此背弃同盟的困境。除此以外，在美国将中俄作为战略竞争对手后，作为同盟中较弱势的一方，欧洲在当前形势下还面临着"大国竞争"对手是经济合作伙伴的矛盾，欧洲担心与美国绑定得太紧，会受到"大国竞争"的"牵连"，这进一步加深了美欧分歧。

一、美国维护霸权的成本困境

随着国际格局发生复杂的变化，美国的"单极时刻"已经烟消云散，新兴国家的群体性崛起让国际格局不断朝着多极化演进。在国际权力格局中地位的相对衰落促使美国必须合理利用资源，奥巴马政府强调的"巧实力"外交就在这一背景下诞生。特朗普政府继续推动这种政策调整，具体体现在要求北约的欧洲盟友承担更多经济成本以换取美国提供安全保障。

然而，美国为了维护霸权不仅需要甩掉不必要的经济包袱，还需要依靠其盟友体系助力"大国竞争"，这两个目标存在矛盾。过分要求欧洲盟友为美国分担经济成本只会助长欧洲的战略自主意识，难以实现美国希望盟友协助其进行"大国竞争"的战略目标，而继续为欧洲盟友投入经济资源又无法让美国"轻装上阵"，同样不利于实现其维护霸权的战略目标，美国实际上陷入了同盟的成本困境。

特朗普政府认为北约的欧洲盟友承担的经济成本过少并不是新出现的想法，只不过特朗普催逼军费的方式更为直接露骨，甚至将其与美国对欧洲的安全承诺挂钩，激发了欧洲的"战略觉醒"，这才引发了美国维护霸权的成本困境，同时，美国也担心欧洲背弃同盟。

从在北约框架下的资金投入和行动能力来说，美欧的对比是极为失衡的。从跨大西洋同盟的历史看，美国承担了更多共同防务负担。因此，有关"责任分担"的辩论始终与美欧同盟相伴相生。在20世纪90年代初，"9·11"事件及"反恐战争"开启后这种辩论变得愈加热烈。在特朗普执政前的2016年，北约的欧洲成员国投入了总GDP的1.43%用于防务，一共为2860亿美元。尽管这一投入相比上一年已经增加了3%，但从占GDP的比重看，相较1990年和2009年仍然是下降的。而美国投入了6160亿美元，占其GDP的3.58%。特朗普政府对待责任分担问题也是从防务支出着手，几乎严守防务支出占 GDP 的 2% 这一标尺。欧洲认为这实际上是特朗普执政以来"美国优先"、交易性外交、轻视盟友关系的体现，因而不愿全盘接受来自美国的施压。

第一，欧洲认为将防务支出占 GDP 的 2% 作为衡量成员对北约承诺的唯一标尺有误导性。GDP 的 2% 只是粗略的衡量标尺，北约共有 11 个指标来衡量财政投入和军事产出，而 GDP 的 2% 只是其中一个。一是这个指标不能反映成员国的实际能力和贡献。比如希腊虽然达标，但其防务支出的 70% 都用于养老金等人员经费。就贡献而言，德国等欧洲国家也认为，其资助的大量发展援助项目也服务于促进整体安全的目的，却没有被考虑在内。单纯考核 GDP 比率也没有考虑到欧洲国家在预防冲突事务上所做的其他努力，预防冲突同样促进了集体安全。二是 GDP 的 2% 衡量的是国家的防务支出，但并不区分是用于国家安全还是同盟安全。美国的防务支出并非全部用于维护北约同盟安全，其中不少是为了支撑其在全球范围内的任务，反映的是美国执政者的利益和优先选择。不少欧洲人认为美国实际上是将其对全球战略的维护费用也算入对北约的安全承诺贡献，而纯粹的北约支出应为北约共同预算，包括在北约文职人员、北约总指挥部和基地等方面的开销。而该预算下各国是根据 GDP 来出资的，美国贡献 22%，德国贡献 15%，法国和英国各贡献 10%，欧洲盟友整体的贡献率明显高于美国。

第二，欧洲国家自 2014 年后已经在防务费用上有显著增加，但各国仍有实际困难，无法立刻达到特朗普的要求。2014 年，只有 3 个盟国达到了 2% 标准，而 2016 年有 5 个国家达标。在 2016 年未达到 2% 指标的北约成员中，有 19 个阻止或扭转了防务开支的实质性下降。在这 19 个国家中，有 14 个国家显著增加了国防开支以向 2% 迈进。一份 2021 年的报告预估共有 10 个北约成员国可能达到 2% 的标准[①]，分别是希腊、美国、克罗地亚、英国、爱沙尼亚、拉脱维亚、波兰、立陶宛、罗马尼亚和法国。

但是对于一些国家来说，短时间内将防务支出提高到 GDP 的 2% 是不可能的。以德国为例，在特朗普政府时期，德国大联合政府内部存在反对力量。大联合政府中的社会民主党反对短时间内将德国国防预算提升到 2%，认为德国无法消化这种变革。而这一阻力归根结底来自德国民众对军事能够促进安全这一说法的怀疑。

第三，欧洲认为特朗普强势推出"2% 标准"的动机不纯，并非出于北约安全的考虑，而是特朗普"美国优先"战略的表现。因为一来欧洲盟友已在近几年有意摆脱安全"搭便车者"的身份，一个表现是各国增加防务支出，另一个表现是

---

① 根据北约官网最新公布的信息，截至 2022 年上半年，共有 9 个成员国达到 2% 的标准。——编者注

欧洲安全与防务合作的加强,如成立了欧洲防务基金(EDF)、永久结构性合作(PESCO)等。然而特朗普政府却对欧洲防务合作大加指责并宣称"欧洲防务政策是被包装的工业政策"、是对美国的歧视。这与美国前几任政府对欧洲加强安全和防务合作的支持态度截然不同,让欧洲怀疑特朗普就"2%标准"强力施压是为了扩大军工行业的出口、让欧洲"买美国货",因此并不乐见欧洲提高自卫能力。二来欧洲认为特朗普就"2%标准"强力施压,将北约理解为欧洲盟友向美国掏钱买安全保护的机制,而非成员承诺共同投资以维护公共安全的机制,是对北约同盟价值观的淡化和曲解,反映了美国对欧洲安全承诺的松懈。

因此,从更为宏观的战略层面看,如果说美国的主要考虑是从经济层面减少维护霸权的成本,那么欧洲在这个问题上的理解比美国更进一步,认为美国不仅追求经济上的"甩包袱",而且在战略上对欧洲进行抛弃,这种理解上的错位让欧洲担心美国会逐步放弃对欧洲的战略投入。一些欧洲精英认为特朗普正在抛弃美国追求全球领导力的传统外交政策,转向"杰克逊主义式"的"美国优先"战略,其中自然包含着孤立主义的要素。

从更深层次看,欧洲担心特朗普言论的背后是美国"新孤立主义"的思潮,而"特朗普现象"只是美国社会与政治变化的一个体现。特朗普在 2016 年赢得大选时,其竞选策略中的一个"反建制"主张就是质疑干预主义的外交政策。此外,特朗普在北约集体防务义务上的模糊态度也让欧洲困惑。然而,美国仍然希望团结欧洲力量,为其"大国竞争"的战略目标服务,但减成本和促合作在本质上存在矛盾,欧洲盟友不愿为了"美国优先"而牺牲自身利益。

二、欧洲战略自主与战略依赖的困境

尽管特朗普强推 GDP 2% 的防务开支标准和对欧洲盟友"开炮"的外交方式引起欧洲盟友普遍不满,也遭到了美国政策界和学界的批评,但欧洲盟友和美国主流观点均认为美欧"责任分担"失衡是事实,欧洲需要在防务和安全事务上投入更多。美国和欧洲均未对"责任分担"中的"责任"给出明确定义,广义上看"责任"包括含国防开支在内的对集体防御和共同安全的投入;还包括各国可以对集体防御和共同安全做出的贡献。从这两方面看,"责任分担"均失衡严重。

特朗普政府的施压进一步加强了欧洲追求战略自主的意愿与行动力。对于欧洲而言,"美国优先"既是挑战也是机遇。一方面,欧洲在地区和全球的多边主义外交政策遭到美国的冲击,同时美国冲击波也导致欧盟内部出现分歧,削弱了欧洲的团结。另一方面,特朗普执政后的外交政策调整也逼迫欧洲不得不加速推进自主的外交、安全和防务政策,尤其是主要的欧洲大国都在思考如何实现欧洲战略自主。欧洲作为全球主义者的合法性源自其运转良好的国际治理体系，而美国政府却在削弱这一体系，欧洲必须维护"基于多边主义和规则的秩序"。

欧洲追求的战略自主尤其体现在军事安全领域，特朗普政府的单边主义和疑欧主义让欧洲加快深化安全与防务合作的步伐。在2017年5月的七国集团领导人峰会后，德国总理默克尔说出了许多欧洲领导人的想法："不再单单是美国保护我们了。欧洲应当把命运掌握在自己手中。这就是我们未来的工作。"这一设想实际上就是追求欧洲的战略自主，包括提升欧洲的军事能力、强化防务合作以及培育共同的欧洲战略文化。

尽管"战略自主"没有准确的定义，但德法两国在西班牙、意大利等国的支持下坚持推动欧洲战略自主，其目标就是壮大跨大西洋同盟关系中的欧洲支柱。与此同时，欧洲也声明追求战略自主并非取代北约，而是发挥补充作用。2018年6月，欧盟峰会承诺要加强欧盟防务合作。

欧盟的防务合作包括三项互相关联的倡议：永久结构性合作、欧盟年度协同防务评估（CARD）和欧洲防务基金。其中，永久结构性合作是推动欧洲防务联盟、建造战略组织的核心，被称为"欧洲合作的规则改变者"。2018年3月，欧盟防长首次在PESCO框架下召开会议，通过了首批17个项目，其中4个由德国牵头。2018年11月，另一批项目获得通过，包括设立欧盟医疗指挥中心、物流枢纽网络、训练任务能力中心、危机应对运作中心等组织机构以加快紧急情况下军力部署的速度。此外,比利时还牵头研发潜水无人机以处理海洋水雷。

然而从本质上看,美欧军事安全能力的严重失衡决定了欧洲即使想实现所谓的战略自主,短期内也在战略安全上无法承受被美国抛弃的后果。冷战之后,美欧的分工格局被打破,而新的模式尚未建立。冷战期间的分工是,美国为欧洲提供核保护,欧陆国家提供常规部队和大部分的战术空中防御能力,英美共同维护海洋通信线,每个国家自己保护自己的港口和海岸线。而目前的情况是欧洲没有美国就无法行动,没有办法有效自我保护。美国认为北约盟国的军事能力已被削减到不可接受的程度,而仅存的军事力量也往往毫无效率可言。

冷战结束后,欧洲经历了 20 年的"解除武装"过程,这让欧洲失去真正的防务能力。不少美国学者批评特朗普就"2% 标准"强力施压是因为他们认为这偏离了促使欧洲提升防务能力的目标。从欧洲几次行动中都可以看出,欧洲已没有能力进行有效自我保护。在利比亚这样低烈度的紧急行动中,欧洲的弱点都暴露无遗。欧洲依赖美国的情报、监视和侦察能力,特别依赖装有联合监视目标攻击雷达系统、机载预警与控制系统的美国飞机,在利比亚行动中,欧洲还使用了 40 架美国的空中加油机。

再从欧洲国家的层面看,各国提升军事安全能力的意识仍然不足。冷战结束以来欧洲安全环境大幅度改善，各国满足于"战略假期"，在安全无虞的情况下加紧推动内部经济、社会和欧洲一体化建设。同时欧洲还发展出了更广泛的安全概念，气候变化、发展援助均被包括在内。

从民众的层面看，在和平与安全的社会中民众也很难产生强军自卫的紧迫感，社会也并不推崇"硬实力"。用美国学者的话说，冷战结束之后，以德国为代表的几个欧洲经济强国开始走向后军事全球主义。

因此，对欧洲联合防务极为积极的法国也再三强调PESCO不是为了取代北约，美欧军事同盟仍然是确保欧洲防务能力的关键。然而，PESCO等一系列倡议的推出仍然让一些欧洲国家提出了质疑，例如波兰和波罗的海国家就担心PESCO会分散北约资源。而且PESCO主要提升的是欧洲军事力量在中东、北非等法国重视的周边地区的行动能力。部分欧洲国家认为，谈论欧洲军或者想与美国唱对台戏都是不现实的，PESCO应当通过增强欧洲防务实力促进跨大西洋同盟。

北约的态度也十分微妙。北约秘书长斯托尔滕贝格欢迎欧盟推进联合防务，表示这么做"对欧盟、欧洲和北约都有好处"。但斯托尔滕贝格也警告称欧洲防务联合可能会与北约产生冲突，因此他实质上并不鼓励欧洲完全实现战略自主，并敦促欧盟应当让北约的非欧盟成员国参与其中，"我们不能让同一个国家接到欧盟和北约互相矛盾的要求"。2018年7月欧盟与北约达成的关于合作的联合声明就是为了减轻各方对这两个机制可能会互相竞争的忧虑。

三、"大国竞争"与经济合作的同盟困境

美国对欧洲的"善意"别有用心,企图将欧洲拉入"大国竞争"的陷阱,希望欧洲配合美国的全球及地区战略。特朗普政府在"美国优先"原则的引领下调整全球战略部署,将"大国竞争"视为国际形势的主流,加紧与中国、俄罗斯等所谓"战略竞争对手"的博弈。在这一背景下,美国急需强化与欧洲盟友的关系。在地缘政治、军事安全、科学技术等领域获得欧洲支持变得至关重要。美国2017年的《国家安全战略》中已经提出欧洲无法"独善其身"。2018年6月,负责欧洲和欧亚事务的美国助理国务卿韦斯·米切尔(A. Wess Mitchell)在美国智库传统基金会发表演讲,呼吁在欧洲进入地缘政治博弈的"新时代"后,美欧更加"锚定"西方同盟。即便如此,美国仍然嫌欧洲对国际形势变化的反应过于迟缓,因而加紧与欧洲盟友协调的节奏,希望其能够配合美国战略。

欧洲并不愿彻底投身美国急切呼吁的"大国竞争"博弈,因为美国竞争的对手恰恰是欧洲的经济合作伙伴,欧洲面临着"竞争对手"与"合作伙伴"的身份两难,面临着过度捆绑美国带来的经济"牵连",而不跟随美国又可能导致美国对欧洲盟友的"背叛",这种矛盾突出体现在欧洲和俄罗斯在能源领

域的关系以及欧洲和中国在科技领域的关系上。

在能源领域，美国通过地缘政治的视角看待欧洲与俄罗斯的合作，尤其喜欢在"北溪2号"天然气管道的建设上敲打欧洲。2019年12月，特朗普政府决定对参与"北溪2号"建设的相关企业实施制裁，受到牵涉的主要为俄罗斯和德国企业。根据相关制裁法案，美国政府可以对涉及这一项目的个人和公司施以冻结资产和禁发签证的惩罚。

这一举动引发了德国的强烈反应，德国总理默克尔和外长海科·马斯（Heiko Maas）批评美国的制裁"干涉了欧洲的自主决策"，"欧洲的能源政策应当由欧洲决定，而不是美国"。德国愤怒地指出以德国为代表的欧洲国家在能源领域依赖俄罗斯的现实，并强调德国一旦加入美国针对俄罗斯的"大国竞争"将付出巨大的经济代价。德国从2016年开始已经不对外公布天然气进口量，但在2015年，德国有35%的天然气是从俄罗斯进口的，34%来自挪威，29%来自荷兰。由于自身缺乏足够的能源资源，德国的天然气基本依赖进口，其总占比达到92%。这也是为什么美国总统特朗普曾经批评德国过于依赖俄罗斯天然气，导致其已经遭到俄罗斯的"控制"。

在科技领域，随着中美科技竞争日趋复杂，美国对欧洲步步紧逼、屡屡施压，要求欧洲与美国统一步调。蓬佩奥甚至直接向德国、英国发出威胁，如果哪个国家使用华为设备，美国将终止其获得美国的关键情报数据和信息的权利。美国的铁杆盟友英国没有彻底禁用华为，而是决定限制华为只能为其提供 35% 的 5G 网络设备，且禁止华为为英国提供高速移动通信网络设备。但美国依然不依不饶，继续敲打英方，希望英方将华为整体排除在英国的 5G 建设之外，其理由仍然是担心华为会威胁盟友以及美国的国家安全，并继续以使用华为设备可能影响两国情报共享关系为要挟。

美国还把维护同盟安全的"责任"进一步扩大，要求欧洲盟友配合美国新的全球战略，即更广泛意义上的责任分担，推动北约政治化，发挥北约作为美国地缘政治工具的作用。美国希望利用北约的欧洲成员在市场、科技等方面的全面能力，配合美国制衡中国的全面战略，特别是要阻止欧洲科技流入中国，以免增进中国的竞争优势。在 2019 年的北约峰会上，美国极力主张在和盟友的共同声明中提及中国；2020 年慕尼黑安全会议上美国国务卿蓬佩奥、国防部长马克·埃斯珀（Mark Esper）和众议院议长南希·佩洛西（Nancy Pelosi）均力劝欧洲盟友"认清中国本质"，体现了美国急于拉拢欧洲盟友参与"大国竞争"的心态。

然而，欧洲对于支持美国"大国竞争"的行列并将矛头对准中国的行为心存疑虑，左右为难。欧洲的顾虑有两点，首先，北约内部已存在多重难以调和的矛盾，如成员国民主价值观退化、团结程度受损等，这让其应对俄罗斯发动的"混合战争"[1]尚有困难,加上北约在亚太地区的资源手段有限,很难想象在短时间内北约能迅速调转方向,成为美国制衡中国的有效工具。

其次,欧洲不愿将中欧关系的发展尤其是经贸关系发展与美国的地缘战略绑定,更不愿因为与美国过度捆绑而在经济上受到牵连。特朗普政府对德国软硬兼施,但仍未达到彻底将华为逐出德国的目的,这说明美国在调动盟友对抗中国方面影响力存在局限,本国利益尤其是经济利益仍是欧洲国家决策时的重要考量之一。

---

[1] "混合战争"是指一种战争界限更加模糊、作战样式更趋融合的战争形态。——编者注

第六章

拜登时代的美欧同盟:"大西洋主义"全面回归?

跨大西洋同盟回来了。我们没有向后看，我们一起向前看。
——约瑟夫·拜登

阿富汗事件应该是一个叫醒电话。欧洲必须增强战略思考和行动的能力。
——何塞普·博雷利（Josep Borrel）

特朗普任内，美国对欧政策出现较大调整，欧洲疲于应付"特朗普冲击波"，双方在经贸、安全、全球治理等议题上显出分歧，美欧同盟困境加剧，步入波动期。在国际格局加速演变、欧洲安全遭受冲击的背景下，拜登执政后美国的对欧政策呈现出重归传统的趋势，"大西洋主义"似乎有苏醒之势。美欧关系迎来新机遇，但同盟困境是否能够就此消除？

第一节　新冠疫情与美欧同盟

2020年突如其来的新冠疫情成为推动国际格局演变进程的"黑天鹅"。疫情加速国际格局多极化、碎片化的发展趋势，在这种势头下，美欧为维持同盟团结牺牲自身利益的意愿下降。新冠疫情作为一次危机暴露出美欧同盟发展至今的诸多分歧。疫情没有在本质上逆转国际格局的发展趋势，但让美欧同盟的外部环境更加复杂，美欧双方也因此受到不同程度的影

响,具体体现在以下几个方面:

第一,去全球化的趋势更为显著。事实上,疫情暴发之前世界本已处于"慢全球化"状态,甚至已达全球化顶峰状态,世界贸易的增长速度放缓已十分明显。疫情加深了各国对全球供应链的担忧,部分国家的出口禁令还导致一些国家出现医疗设备短缺的问题,贸易保护主义的兴起也让一些国家只能选择储备物资。各国对疫情的恐惧导致部分国家的发展方向转为以国内贸易为主,而抗疫过程中全球协调合作的不足又让"以邻为壑"的贸易政策有所抬头。拜登执政后提出的"中产阶级外交"和之后更细化的所谓"近岸外包""友岸外包"的供应链政策,也是在疫情影响下出台的。

不过,疫情只是导致全球化在部分领域出现逆转现象,而并未彻底终结全球化进程。在疫情的冲击下,一些国家和企业更看重自身利益,推动供应链的重塑进程,将生产厂地向国内迁移。在美国疫情形势仍较为严重时,美国前财长亨利·保尔森(Henry Paulson)在为《金融时报》撰写的一篇文章中表示,世界将面临孤立主义的挑战,在贸易、资本流动、创新和全球机构四个领域,要求开放和要求封闭的力量将进行激烈的斗争,这种情况下,各国不应减少跨境联系。同时,如果中美两大经济体不能携手合作,全球经济就无法持续恢复。

第二,美欧在全球化问题上的分歧更加突出。与美国社会中的"反全球化"浪潮不同，欧洲更希望追求符合自身利益的全球化 2.0 版本。由于欧洲经济发展与经济全球化高度捆绑，而欧洲一体化的政治概念也依托于全球化开放边境、自由贸易的内涵，因此欧洲不可能追求"去全球化"。但欧洲也不满足于只停留在过去的全球化，而是更倾向于构建符合自身利益的新版全球化。欧洲主流战略界认为，新的全球化应当能够找到开放市场、相互依赖，与"主权"、国家安全之间的平衡，让欧洲既能继续在开放贸易中享受实利，又能摆脱"政治上的幼稚问题"、拿起必要的制度保护工具。

在具体措施方面，欧洲提出，"集体主权"应当成为谋求这一目标的主要工具。欧洲央行执委伯努瓦·科雷（Benoît Coeuré）认为，欧盟应当成为欧洲管理全球化的主要平台，欧洲国家应该通过推动经济融合来满足民众对全球平等、公平的诉求。欧盟外交与安全政策高级代表何塞普·博雷利则认为，旧版全球化暴露出单个国家在缺乏有效保护时的脆弱，因此欧盟的集体保护机制是新版全球化的关键，欧盟必须构建集体保护机制，收紧投资审查政策，在竞争政策、政府补助方面抵御国际不公平竞争。同时，欧盟也应利用集体的力量，在新技术研发和规则制定领域占领国际制高点。可见，在疫情之后，美欧对全球化、国际秩序的认识分歧加深了，双方所追求的不同版本的全球化进程也将成为二者在价值观领域的重要矛盾点。

第三，美欧在全球治理机构改革方向上的争执将持续进行。新冠疫情暴露出国际组织和机构在应对重大公共危机时的窘迫，美欧在全球治理方面的不同态度也加深了跨大西洋关系的裂痕。一些国家呼吁世卫组织及其他联合国机构建立和完善有关疾病、冲突和气候的预警机制，还有一些社会活动家提出更具体的建议，要求相关国际组织获得制裁未能及时预警的国家的权力。面对这种趋势欧洲可能不会反对建立可制裁主权国家的"超国家机构"，因为这可以确保一些国家在疾病控制、气候、避免与邻国发生冲突等方面成为负责任的"国际公民"。但美国社会可能会对此有所争论，因为拥有霸主地位的美国长期反对"世界政府"，不希望自身行动遭到国际机构束缚。

第四，疫情后，民粹主义继续在大西洋两岸造成政治影响。受疫情和国内反全球化情绪的上升的影响，美国的民粹主义与"本国优先"原则将得到更多支持。新冠疫情刚开始时，特朗普政府就在疫情问题上甩锅推责，污名化个别国家和世界卫生组织，煽动美国社会已经高涨的排外主义和民粹主义情绪。疫情期间，民众更加依赖社交媒体，接触到更多"非黑即白"的网络信息，导致民粹主义和排外主义持续升温。著有《什么是民粹主义？》的美国普林斯顿大学政治学教授杨-维尔纳·米勒（Jan-Werner Müller）认为，这次疫情暴露的一系列结构性问题，比如美国不够完善的医疗保险体系、抗疫无力的联邦政府等,进一步助长了国内的民粹主义情绪。疫情居家政策也让民粹主义者有时间传播更多具有煽动性的假信息。疫情对欧洲民粹主义也有所影响,但具体表现却与美国截然相反,欧洲主流政党和建制派执政力量因为抗疫团结了更多民众,民粹主义政党的吸引力在疫情下反而减小。

第二节 "拜登主义"与美欧同盟

拜登执政后开始在美国对外政策领域进行部分"去特朗普化",欧洲对其不无期待,认为新冠疫情、经济衰退、气候变化、技术竞争等都是美欧应当共同面对的挑战,拜登政府有望重新加强美欧在多边主义和国际机制领域的合作,某些媒体甚至称拜登为这个时代"最有大西洋主义精神的美国总统"。在参加 2021 年慕尼黑安全会议的视频会议时,拜登在演讲中直陈"美国回来了,跨大西洋同盟回来了"。

今天我是作为美国总统参加这次会议,现在正值我的任期之初,我要向世界发出一个明确的信息:美国回来了,跨大西洋同盟回来了。我们不会向后看,我们要一起向前看。

也就是说,跨大西洋同盟基础雄厚,我们的集体安全和共同繁荣建立在这个雄厚的基础之上。我认为,欧洲和美国的伙伴关系是实现我们在21世纪所有目标的基石，而且我们必须将这种状况保持下去，就像我们在20世纪所做的那样。

……

因此，让我在此打消所有在各位心头萦绕已久的顾虑：美国将与我们的欧盟伙伴和欧洲大陆上的所有国家——从罗马到里加，紧密合作，以应对一系列共同挑战。

我们一直支持完整、自由与和平的欧洲目标。美国全身心维系北约同盟，我们欢迎欧洲军事能力的增强，并因此推动我们共同防务能力的发展。

……

因此，让我以此总结：我们不能让自我怀疑阻碍彼此理解或理解更大世界的能力。过去的四年是艰难的，但是，欧洲和美国必须重塑信心，相信自己的能力，为自己的振兴而努力，相信彼此，相信欧洲和美国有能力应对任何挑战，并共同筑就我们的未来。

2021年3月，美国国务卿安东尼·布林肯（Antony Blinken）在首次全面阐释美国外交政策的演讲中，也将重新激活美国的盟友及伙伴关系作为外交计划的八项要务之一。2022年3月和6月，拜登分别开启任内对欧洲的第三次和第四次访问，以求进一步强化跨大西洋同盟关系。

在"奥巴马遗产"和"特朗普遗产"的双重拉扯下，拜登主要以价值观、盟友体系、多边合作为重振美欧关系的抓手,但美欧关系仍面临着跨大西洋关系本身的结构性限制,欧洲对美国的顾虑也难以被彻底打消。

一、拜登政府对欧政策的调整

拜登政府主要从三方面进行了对欧政策的调整,以缓和美欧关系的氛围并促使跨大西洋关系回暖。第一,重新强调民主价值观、重塑美国的国际地位并重新强调美欧价值观同盟的基点。在 2017 年美国夏洛茨维尔市发生骚乱事件后,[①]以及 2021 年就职演讲时,拜登都多次强调民主对于美国的意义,认为美国的"灵魂"是由团结、民主和同理心构成的,民主是珍贵的、脆弱的,但"在这一刻已经大获全胜",布林肯也强调,"重塑民主价值观是外交政策的当务之急"。

民主因而成为拜登政府重启价值观外交的关键词,其目的是重塑美国的全球"道德领导力"、修复特朗普破坏的国际准则。拜登还多次强调美国外交的目标应当是巩固美国的国际信誉,并据此原则于 2021 年 12 月召开全球"民主峰会",其

---

① 2017 年 8 月 11 日和 12 日,美国弗吉尼亚州夏洛茨维尔市发生抗议集会,数百名右翼分子聚集起来,以抗议市政府移除南北战争时期南方军事将领罗伯特·李(Robert Lee)雕像的计划。此次抗议后来引发暴乱,致 1 人死亡,19 人受伤。

核心目标为打击腐败，并在本国和国际促进人权。这一做法大大缓解欧洲因特朗普治下美国民主的缺位和整体"西方民主的缺失"而产生的忧虑，与欧洲长期倡导的民主、人权的价值观外交相契合，为美欧重塑价值观同盟、夯实同盟的意识形态基础做出巨大贡献。

拜登当选后，欧洲迫不及待地想要推动跨大西洋关系。在 2020 年 12 月 2 日，拜登尚未正式就职之前，欧盟外交与安全政策高级代表博雷利就发布了一份关于全球变革下美欧新议程的文件，文件中对民主的强调不仅彰显了欧盟的固有态度，也体现出欧盟对拜登此前倡议的迎合，认为美欧在加强全球民主方面的一致是根本性的，欧盟已做好准备在全球"民主峰会"中发挥作用。

在新形势下，美国还携手欧洲提出新议题，并在新领域推广西方民主价值观，以此作为团结西方、加强合作、打造同盟的亮点。例如，为维护西方的民主价值观、产业基础以及全球影响力，美欧试图联手建立数字领域的"国际民主秩序"。尽管数字税等分歧仍是跨大西洋关系中的不和谐因素，但美欧已经努力缓和双方在数据反垄断、隐私、人工智能方面的分歧。2022 年 3 月，美欧签订《跨大西洋数据隐私框架》(*Trans-Atlantic Data Privacy Framework*)，该框架将促进跨大西洋数据流动，同时解决 2020 年 7 月美欧之间的数据传输协议"隐私盾"被判无效带来的问题。拜登任内，民主和自由主义的价值观是双方搭建"民主科技同盟"的最大推动力。美欧还与其他所谓的民主国家协作,利用经济合作与发展组织、七国集团等多边平台,在全球数字标准和数字发展领域抢夺主导权,推广"民主的数字治理方式"。

第二,重新巩固同盟务实关系,修复"特朗普冲击波"造成的跨大西洋裂痕。在安全上,拜登政府大幅增加美国对北约的重视程度与投入力度。拜登承诺将大力投资以保证北约拥有足够的军事实力应对俄罗斯,甚至可能长期维持在波兰、爱沙尼亚、拉脱维亚、立陶宛、罗马尼亚和保加利亚的军力部署和轮驻,并提高应对新的、非传统威胁的能力,如应对在网络防御与攻击、太空和公海、人工智能、量子、纳米技术、生物技术等领域的新挑战的能力。同时,拜登政府呼吁所有北约国家重新做出承诺,自觉履行其作为民主联盟成员国的责任,还推动双方成立北约-欧盟特别工作组,以在最大限度上协调、集中双方的能力,落实美欧同盟的共同政策议程。

美欧同盟的务实关系尤其在乌克兰危机期间得到体现,拜登政府快速根据相关政策进行部署。比如,授权持续向欧洲提供军事援助,包括向乌克兰提供防御性援助,向德国和波兰增派数千名士兵,并授权向北约的东翼盟国爱沙尼亚、拉脱维亚、立陶宛、波兰和罗马尼亚部署北约驻欧的地面和空中部队。根据美国国务院的公开数据,2022年1月至5月,拜登政府已向乌克兰提供价值53亿美元的军事援助,其中价值46

亿美元的援助是在乌克兰危机升级后提供的。拜登还推动北约战略概念的更新，恢复长期威慑和防御的态势，不断强化东翼盟国的军事部署，并计划在保加利亚、匈牙利、罗马尼亚和斯洛伐克新设4个战斗群。同样值得注意的是，拜登在乌克兰危机期间公开表态，支持北约"北扩"，并表示愿为瑞典、芬兰加入北约提供帮助。

在经贸领域，拜登既没有全面继承特朗普针对欧洲的关税战，也没有推行全面的自由贸易。首先，拜登提出要在现行国际体系中"书写前行之路的规则"，改变特朗普在经贸领域"美国独行"的方式。拜登在担任参议员和副总统期间就积极鼓励《北美自由贸易协议》，并支持中国加入世贸组织及《跨太平洋伙伴关系协定》。

其次，拜登政府暂停对欧关税战，有意团结欧洲以共同应对中国。布林肯曾表示，特朗普对欧关税只是"假强硬"，伤害的是美国民众，拜登政府将结束特朗普政府发起的对欧"人造贸易战"。2021年3月，美国和欧盟同意把双方因飞机补贴争端而互相施加的总价值数十亿美元的进口关税暂停4个月，以便达成全面持久的解决方案。2021年二十国集团峰会期间，美欧还发布联合声明，同意暂停持续三年的钢铝关税争端。美国将以关税配额的方式免除部分欧盟钢铝产品的关税，330万吨以下的欧盟钢材产品出口将被免税，超出部分则仍按《1962年贸易扩展法》第232条征收，同时欧盟将暂停实施报复性反制措施。

最后,拜登政府大大提升与欧洲方面的沟通频度和效率,不仅延续了特朗普任内美欧关于"中国议题"的对话机制,还新设立"跨大西洋贸易与技术委员会",下设10个工作组,分别负责:技术标准合作、气候和绿色科技、供应链安全、信息通信技术安全和竞争力、数据治理和技术平台、滥用技术威胁安全和人权、出口管制、投资审查、促进中小企业获取和使用数字技术以及应对全球贸易挑战。美国和欧盟还积极开展针对第三方的合作,如联合推动发展中国家的"安全数字基础设施建设",该计划可能参考双方2020年在帕劳①附近合作建造海底光缆时使用的合作模式。

第三,恢复多边合作,为美欧合作提供抓手。气候问题上,美国重返《巴黎协定》,与欧洲就碳减排措施进行协调;《伊朗核问题全面协议》方面,美欧加强协调合作,努力推动美伊就重返协议的步骤形成共识。其中,"规则合作"成为美欧关系的亮点。对于拜登政府和欧盟而言,重塑多边主义和国际秩序,塑造重要领域内美欧的共同规则,尤其是携手推动技术、贸易等领域的国际标准,是大西洋两岸政界与战略界的普遍共识。

---

① 帕劳共和国,位于西太平洋,是太平洋进入东南亚的门户之一。——编者注

从拜登政府的角度看，其高度重视美国国际"领导力和信用的回归"，一方面要挽回过去四年"错误"，比如重回《巴黎协定》、世卫组织，考虑重返伊朗核协议；另一方面将重塑国际机制和规则作为强化"民主国家同盟"及应对中俄挑战的途径。美国对国际秩序的重视程度明显提升，拜登政府公开发表言论称"美国对北约的承诺深刻不可动摇"，并要"召开主要碳排放国峰会"、扩大军控条约、与"民主盟国"共同发展5G，这些都是欧洲乐见的，此外，美国还作出"美国要带头建立保护工人、环境以及贸易透明度的规则"等誓言。

从欧洲方面看，拜登政府重返多边主义是重振乃至新建国际规则、捍卫美欧主导的自由主义秩序的有利条件。欧洲对于与美国共同强化"新冠肺炎疫苗实施计划"[①]、引导世贸组织改革、构建可持续金融全球监管框架、推动跨大西洋同盟制定国际标准等方面均有强烈需求。总之，拜登任内的美欧在多边合作、全球治理方面的利益重叠大大提升。

此外，拜登政府也希望中国议题成为美欧关系的"黏合剂"，加强美欧协调。拜登政府明显加强了与欧洲在中国议题

[①] "新冠肺炎疫苗实施计划"由全球疫苗免疫联盟、世界卫生组织和流行病防范创新联盟创建，旨在提高疫苗研制效率，为疫苗的快速生产和全球普及奠定基础。——编者注

上的协调力度，联合欧洲共同发起对华制裁，同时继承并拓展了特朗普政府打造的美欧关于"中国议题"的对话机制，将其作为美欧整体协调机制不可或缺的一部分，并希望对接美欧各自的印太战略与倡议，如加强美国"重建更好世界"倡议与欧洲"全球门户"倡议之间的协同作用。

二、"拜登主义"难消美欧同盟困境

拜登政府改善跨大西洋关系的举措难以解决美欧同盟关系中的结构性问题。美国想在解决国内问题的同时维护全球霸权就必须将重心转向国内，减少对欧洲盟友的成本投入，同时将同盟和伙伴体系视为"最大战略资产"，让欧洲成为其"大国竞争"战略的得力助手，承担更多战略责任。然而，美国的紧逼可能导致欧洲与美国选择性合作，甚至在战略上进一步"脱美自强"。

欧洲认为美国看似是在采取"成本转移"和"责任分担"策略，实际上却是在战略上抛弃欧洲，因此欧洲必须增强战略自主才能在国际舞台上有更强的底气，但步子迈得太大又可能导致美国过早在安全上抛弃欧洲。因此，拜登对欧政策的调整只是暂时缓和了跨大西洋关系的氛围，并未真正解决美欧双方的结构性困境，欧洲的顾虑难以被彻底化解。

欧洲的第一重顾虑是美国矛盾的双重战略目标，美国既要维护霸权又要维系同盟关系。随着国际格局的复杂变化，美国的"单极时刻"烟消云散，新兴国家的群体性崛起让国际格局不断朝多极化方向演进。美国在国际权力格局中的地位相对衰落，因而必须合理利用资源，奥巴马政府强调的"巧实力"外交即源于此。随后，特朗普政府继续推动战略调整，提出"美国优先"原则，要求北约盟友承担更多防务成本。拜登政府在 2021 年 3 月发布的《国家安全战略临时指南》(Interim National Security Guidance) 中反复强调"国内优先""外交优先"两种理念，表示在防务上美国将做出明智和谨慎的选择，并提出"有责任地使用武力"，这意味着拜登很可能混合了奥巴马"不做蠢事"和特朗普"美国优先"的政策思想，要求欧洲盟友承担更多责任。

然而，美国既想维护霸权又不愿投入更多资源，还需要团结盟友的力量进行"大国竞争"，这两个目标存在固有矛盾，过分要求欧洲盟友为美国分担经济成本只会助长欧洲的战略自主意识，难以实现让盟友协助美国进行"大国竞争"的战略目标，而继续为欧洲盟友投入经济资源又无法让美国"轻装上阵"，同样不利于实现其维护霸权的战略目标，美国陷入了同盟关系中的两难境地。

而这一点与特朗普任内美国的情况相比没有太大变化。特朗普政府认为北约的欧洲盟友承担的经济成本过少，而这并不是新想法，只不过特朗普催逼军费的方式更为直接露骨。拜登同样认为北约的欧洲盟友需要承担更多责任，虽然其不会继承特朗普的"追债"方式,但拜登政府的政策实质并无区别,给疫情背景下的欧洲盟友增添压力。美国在欧洲周边的战略撤出也更为明显,包括进一步减少在阿富汗及中东的军事存在,以及只对盟友提供有限的军事支持等。

欧洲认为,即使拜登执政,"特朗普主义"也不会从美国销声匿迹,拜登强调的"中产阶级外交"无非是改头换面的"美国优先","重话轻说"的背后仍是美国希望团结欧洲力量服务"大国竞争"的战略目标,但"减成本"和"促合作"存在根本矛盾,欧洲盟友并不愿为了不同版本的"美国优先"过多牺牲自身利益。

欧洲的第二重顾虑是欧洲难以化解战略自主与战略依赖的两难。特朗普政府的施压加强了欧洲追求战略自主的意愿与行动力,但在短期内摆脱美国所需的安全成本却是其无法承受的。对于欧洲而言,特朗普任期内的"美国优先"政策既是挑战也是机遇,而拜登执政后的政策调整看似是机遇,但也蕴藏危机。

此前,欧洲在地区和全球的多边主义外交政策遭到"美国优先"原则冲击,欧盟内部出现分歧,欧洲团结也被削弱。但从另一个角度看,特朗普执政后的外交政策调整也逼迫欧洲不得不加速推进更自主的外交、安全和防务政策,其中主要的欧洲大国尤其关心如何实现欧洲战略自主。欧洲追求的战略自主主要体现在军事安全领域,特朗普政府的单边主义和疑欧主义让欧洲加速深化安全与防务合作。乌克兰危机则促使欧洲的安全和防务政策出现更深刻的调整，欧洲对待硬实力的态度也变得更加现实。

正如第五章提及的，美欧军事安全能力的严重失衡决定了欧洲即使想实现所谓的战略自主，短期内也在战略安全上无法承受被美国抛弃的后果。拜登政府的政策可能会一定程度缓和欧洲两难的处境，但无法从根本上改变欧洲依赖美国还是谋求自主的矛盾。

拜登执政后，美国全球战略资源转向"印太"的趋势日渐明晰，尤其在顶层决策机制上，在国家安全委员会新设印太协调官员、设立两位中国事务高级主任和一位中国事务主任等举措均为明确信号。拜登政府不仅继续使用"印太"这一表述，还继续推进特朗普政府实施的印太战略，欧洲并非美国的战略优先地区，欧洲仍将面临战略依赖与战略自主的两难。即使在乌克兰危机的背景下，欧洲已经将俄罗斯视为最紧迫的威胁，认为"新冷战"有可能由俄罗斯挑起，美国在2022年3月出炉的国防战略报告事实清单却依然认为"印太"地区才是美国下一阶段最应集中战略资源的方向，而不是欧洲。

第三节　阿富汗撤军、美英澳同盟与美欧同盟

拜登任内，美国从阿富汗仓皇撤军和组建美英澳同盟等举措都对美欧同盟关系造成了严重冲击，这些都是体现拜登任内美欧同盟困境的典型案例。

一、阿富汗撤军与欧洲的"被抛弃感"

欧洲战略界普遍对美国从阿富汗撤军感到失望沮丧，"被抛弃感"强烈。欧洲的"被抛弃感"集中体现在三方面。第一，美国撤军未与北约盟友充分协商。欧洲方面认为，特朗普政府与塔利班接触、拜登政府敲定撤军时间等外交举措都以单边方式做出，没有关照欧洲盟友的感受，并且违反了北约在阿富汗事务上"同进同出"的原则。此前，北约为介入阿富汗局势首次启动"第五条"共同防御条款，欧洲盟友也为此投入大量资源，其经济援助项目投资总额高达172亿欧元。瑞典前首相卡尔·比尔特表示，美国不与欧洲充分协商就撤军给北约"留下伤疤"。欧盟外交与安全政策高级代表博雷利称，美国撤军举动是对跨大西洋同盟的一个"叫醒电话"，欧洲必须成为更有能力的盟友。卡内基国际和平基金会欧洲中心的官方期刊《欧洲战略》的主编朱迪·登普西（Judy Dempsey）也认为，阿富汗局势的变化证明欧洲缺乏战略远见并且其对美国的依赖也充满危险。

第二，撤军意味着美国未来可能削弱对欧洲的安全承诺。美国政府的仓促撤军导致塔利班卷土重来。阿富汗局势的变化增加了欧洲面临的安全挑战，包括恐怖主义、大规模难民潮、毒品贸易等，欧盟承受着危机预防、稳定局势和维和行动的多重压力。一些欧洲战略界人士认为，美国撤军就是把危机留给欧洲，美国对欧洲安全投入的态度从特朗普时期的"蔑视"走向拜登时期的"忽视"。而拜登在决定撤军后发表的"不再重塑他国"言论更让欧洲认为，美国并未摆脱特朗普"美国优先"阴影，欧洲对拜登"美国归来"的承诺期待过高。

第三，美国战略重心的东移将损害欧洲利益。美国自奥巴马政府时期开始实施"亚太再平衡"战略，特朗普任期实施印太战略，而美国撤军阿富汗时亦强调该举措与中俄竞争、战略东移的关系。欧洲战略界认为，撤军再次证明美国战略重心转向亚洲已是大势所趋，并担心美国在战略上过快"抛弃"欧洲将对欧洲造成冲击。美国从阿富汗快速撤军意味着其将把更多资源投向"印太"。欧洲对美国快速脱身的表现深感警惕，对未来是否应在军事层面跟随美国介入"印太"地区则更为迟疑。欧洲外交关系委员会刊文表示，阿富汗是欧洲的"战略自主"面对的一次测试。美国已成为"普通国家"，不再愿意对非关键利益地区"大包大揽"，仅愿聚焦对华竞争。因此，欧洲必须加快"战略自主"速度，提升对欧洲利益相关地区的介入能力，减少对美国的战略依赖。

对于欧洲而言，美国不负责任的撤出阿富汗让难民问题一度成为欧洲的首要关切。欧盟曾预计阿富汗难民的规模将超过叙利亚，担忧下一波难民潮将使欧盟重陷分裂，同时为极右翼势力制造机会，打破欧洲脆弱的政治平衡，因此预防难民潮一度成为欧盟工作的优先项。欧盟各成员国的内政部部长、外交部部长在关于阿富汗问题的非正式会议上均强调要"防止欧盟重蹈2015年难民问题的覆辙"，法国、德国等均明确表示不欢迎难民。希腊则在其与土耳其的边境紧急修建25英里[①]围墙，并安装新监控系统，波兰、立陶宛等国也加强了边境控制。

在这种背景下，美欧关系的回暖态势受挫。拜登执政后本有意修复跨大西洋关系，在美欧经贸分歧上表现出和缓态度，美欧关系的回暖态势明显。但阿富汗危机后，这一趋势被打断。一是因为阿富汗行动为北约历史上唯一一次启动共同防御条款的行动，英国、德国等欧洲国家对阿富汗投入颇多，该行动对欧洲意义重大。二是因为阿富汗撤军反映了美国在国际影响力衰落、国内分裂加剧的前提下，自顾性增强，对欧洲盟友的让利空间收窄。三是美国撤军并将阿富汗乱局抛在身后，凸显了美国现实主义外交冷酷的一面，民主变成了可选的工具，美国在欧洲的信誉因此下降。

---

① 1英里约等于1.609千米。

更重要的是，拜登政府的行为将让欧盟加快谋求"战略自主"的脚步。阿富汗危机再次说明，美国对北约的承诺虽未被背弃，但战略资源转向"印太"地区已是大势所趋，美国不愿在中东、北非等欧洲"大周边"有过多牵绊。阿富汗危机也暴露出欧洲在安全上对美国的深度依赖，美国计划撤军后，英国曾试图组建多国联盟以在阿富汗保留部分军队稳定局势，但应者寥寥。此外，没有美军帮助，欧洲也无法撤出侨民。

这次教训要求欧盟进一步谋求"战略自主"，提升自我保护能力。正如一些欧洲战略界人士所说，美国撤军是对欧洲的又一次"叫醒电话"。欧盟外交与安全政策高级代表博雷利称，"欧盟在阿富汗的失败表明，欧洲必须组织好自己以应对这个动荡世界"，他提议成立一支5万人的反应部队，该提议受到德国、法国、意大利等国支持。在此后召开的欧盟防长非正式会议上，欧盟成员国就通过共同的军事训练和演习提高反应能力一事进行讨论，并提出成立新的5000人"首批进入部队"。尽管欧盟内部的机制障碍和来自成员国的阻力仍然存在，而"战略自主"又是长期任务，但欧盟已计划通过组建"意愿联盟"、改革决策机制等切实手段克服障碍。

二、美英澳同盟（AUKUS）与欧洲的"战略清醒"

拜登任内第二个冲击美欧同盟的标志性事件是美英澳同盟成立。2021年9月，美国、英国和澳大利亚宣布在"印太"

地区结成新的安全同盟,以开展防务和高科技合作,帮助澳大利亚发展核潜舰。新同盟还将让美英澳三国在人工智能、网络技术、水下系统和远程打击等高科技领域更容易分享信息和技术。这一决定激怒了法国和欧盟。

从经济层面看,澳大利亚在核动力潜艇合作问题上背信弃义,选择了美英而抛弃了法国,让法国蒙受经济损失,法国自然怒不可遏。从战略层面看,这种绕过法国、欧盟的决定让欧盟再次感受到自己在部分领域已成为美国可有可无的盟友。欧洲部分战略界人士甚至认为,拜登执政下的美国正回归"特朗普时代",甚至表示拜登就是"披着羊皮的特朗普"。

在当时看来,这一新的三边安全同盟似乎让拜登政府与欧洲的"蜜月期"戛然而止。拜登上任时宣称"美国回来了"并承诺重塑跨大西洋同盟。但美英澳同盟的成立意味着,把拜登执政前四年美欧同盟的种种问题仅归结于"特朗普冲击波"的遗留效应,可能有失偏颇。特朗普的一系列政策确实破坏了跨大西洋同盟的团结,包括对欧洲发起关税战、催逼欧洲成员国增加北约军费、通过"退群废约"影响欧洲在全球治理上取得进展等。然而,欧洲战略界认为"美国优先"只是昙花一现,当拜登取代特朗普成为美国总统后,一切会回归正常,这也是一种误解。如果阿富汗撤军行动是拜登对欧盟的第一次冲击,那么这次的三国同盟就是第二次冲击,欧美关系回暖的态势再次遭受重大挫折。在连续两次冲击下,欧盟正逐步实现拜登任内的"战略清醒"。特朗普任内，欧盟已经实现了谋求"战略自主"的"战略觉醒"，但对形势认知还不够充分。彼时，欧洲曾开启一场关于美欧关系的大辩论，主题之一就是"特朗普现象"究竟是一时的还是长期的，但未有定论。

美英澳同盟出现后，欧盟战略界更加清醒，因为问题不只出在特朗普身上，而是与美国整体内外政策的调整都有关。美国将欧洲视为可以按指令行事的"工具人"，并不尊重欧洲利益，而随着美国战略重心转向"印太"，其对欧洲的关注只会进一步减少。欧盟明显感受到自己已不会在美国印太战略中扮演关键角色，相比之下，英国、澳大利亚甚至印度、日本似乎都比欧盟更受重视。

短期看，美英澳同盟重新激发欧洲对美国的质疑后，可能会对拜登政府团结欧洲对抗中俄这一更广泛的目标产生影响。而从长期看，欧洲的"战略自主"不只是强调自主性，还希望欧洲能够在全球事务中发挥更重要作用，更大程度发挥欧洲的能动性，而这些都将对美欧同盟关系产生深远影响。

从上述两个事件可以看出，虽然拜登上任以来对欧政策重回传统路线，跨大西洋关系出现回暖，但巨大分歧与挑战仍然存在，美欧同盟关系的新局面已到来，其样貌取决于以下三个问题。首先，美欧对同盟关系的期待，是恢复还是重塑？从美国层面来讲，拜登执政时期的美国仍然分裂严重，虽然特朗普已离开白宫，但"特朗普主义"仍然活跃在美国政治生活中。对于拜登而言，他的首要任务不是赢得欧洲盟友的支持，而是考虑弥合国内分歧和社会撕裂，做好美国人自己的事，因此美国的期待依然是恢复过去的跨大西洋关系。

从欧盟层面看，美国战略重心东移的事实无法改变，阿富汗危机、美英澳同盟都是对欧洲的"叫醒电话"，欧盟也从"战略觉醒"走向"战略清醒"。欧盟一直认为提升"战略自主"是立足国际政治舞台的必由之路，积极主张"重塑"而不是"恢复"跨大西洋关系，强调制定新的合作议程而不是延续之前的合作事项。因此，如何平衡美欧的政策立场与利益分歧，将成为未来影响跨大西洋关系走向的关键因素。

其次，修复跨大西洋关系，是目的还是手段？拜登政府的外交政策具有明显的意识形态色彩，恢复对欧关系是为了维护跨大西洋同盟，还是将其作为与中俄开展"大国竞争"的手段？如果对欧政策始终服务于对华或对俄竞争的目的，跨大西洋关系将难回从前。欧洲自身也有很多亟待解决的问题，其不愿成为美国地缘政治竞争的工具，更不愿落入"大国竞争"的陷阱。如果美国强迫欧洲驶入"大国竞争"的战略轨道，只会把欧洲越推越远。

最后，美国回来了，欧洲又在哪里？拜登政府面临的关键问题是如何"治愈"美国以及如何"重新领导世界"。因此，拜登更侧重于美国外交政策与国内政治之间的联系，其外交政策就应当为美国国内政治服务，根本原则就是"保护美国人民的利益"。拜登政府的对欧政策很难真心实意地为欧洲利益考虑。虽然打着团结盟友的旗号，但本质上仍是自私自利、以维护霸权为目标的外交政策。

欧洲心里清楚，美国人把特朗普选为总统，证明美国的政治底色已经发生了变化，这种变化并不利于跨大西洋的团结与合作。更让欧洲人忧虑的是，美国在2024年大选之后可能迎回特朗普或者"特朗普式"的新总统，到时候，美欧同盟关系是否又将遭遇新的冲击波？

CODA

尾 声

同盟困境并非一成不变。由于国际格局变迁,同盟本身的动力和目标都发生不同程度的变化,同盟困境的内容与程度也随之变化。在不同时期,美欧同盟困境的主要内容有所不同,根据重要时间节点,大致可以被划分为四个阶段。此外,本书重点从历史演进、国际结构和行为体互动方式的视角观察美欧同盟困境之变,而美欧各自的内部因素同样能够对同盟困境产生一定程度的影响。

一、冷战期间的美欧同盟安全困境

美欧同盟安全困境贯穿整个冷战,但由于两极格局的稳定性以及苏联的外部威胁长期存在,敌我矛盾成为主要矛盾,美欧同盟并没有因为内部"牵连"和"抛弃"的困境而瓦解。两极格局的稳定性超过多极格局。苏联是美欧共同的威胁,欧洲很难在两极对峙的情况下彻底"背叛"美国,但担心美国为了与苏联缓和关系会牺牲欧洲利益,也担心美国在全球其他地区与苏联的博弈会殃及欧洲。美国同样面对"牵连""背叛"

的同盟困境，一方面美国担心如果过分强调同盟承诺，欧洲爆发的战争会把美国拖入与苏联的"生死大战"，而如果与欧洲保持距离，欧洲又可能背弃美国利益与苏联缓和关系。

美欧在冷战期间都实施了相关政策以缓和或者化解同盟的安全困境。美国在开展对苏冷战时逐渐能够考虑到欧洲的感受和利益，如在朝鲜战争中为了缓解欧洲盟友对"牵连"的担忧而向欧洲派遣更多军力、投入更多防务拨款等。在对苏政策从"大规模报复"转向"尼克松主义"后，美国也针对欧洲担心遭到"抛弃"的想法做出回应，及时安抚欧洲盟友。美欧同盟困境在核军控议题上体现得更为明显，美欧苏甚至在这一议题上形成了"三方困境"，美国也在与苏联磋商《中导条约》等军控协议时考虑了欧洲的担忧和利益。

欧洲作为同盟中力量较弱的一方，在同盟安全困境中也较为被动，对"抛弃"和"牵连"的担忧都较为强烈。为了改变这一现状，欧洲启动了一体化进程。美国对一体化的态度十分微妙，从一开始因希望欧洲承担更多同盟责任而全力支持，到后期欧洲越发强大后转向有条件支持甚至质疑。美国对待欧洲一体化的态度变化说明，一旦同盟内部力量结构发生变化，同盟安全困境也会发生相应改变。

二、冷战后十年的美欧同盟机制困境

这一时期的美欧同盟困境发生转变，原本以应对外部威胁为主要目标的美欧同盟进入过渡期,开始寻找诸如北约等同盟机制的意义和双方新的相处模式,同盟意义的缺失是这一时期美欧面临的最大挑战。苏联解体和两极格局的瓦解是国际政治中极为重要的事件。国际体系由此从美苏对峙的两极格局转向美国独霸的单极格局。尽管学界对于冷战后是否为单极格局存在争论,但美国毫无争议地成为当时综合国力最突出的国家。

两极格局的结束和美国"单极时刻"的到来对美欧同盟影响深远,美欧同盟困境发生转变。在外部威胁消失后同盟内部面临挑战,这集中体现在北约的机制转型问题上。作为霸权国,美国的行动空间和自由度变大,基本无须担心冷战时期"抛弃""牵连"的同盟两难。美国开始逐渐将同盟转为权力管理的工具。如何在更好地分配同盟责任和防止盟友走向自主之间找到平衡,是美国必须解决的难题。而作为在同盟中实力较弱的欧洲,如何在确保美国投入同盟资源与提升战略自主能力之间找到平衡,是其必须应对的挑战。

总体上看,美国的对欧战略在这10年间仍然以团结合作为主。老布什政府提出的"新世界秩序"实际上是一种战略克制,不愿透支美国在"单极时刻"下的霸权,希望包括欧洲在内的盟友可以与美国共同承担建立和维护新世界秩序的重任。克林顿在执政初期延续了老布什的战略克制,推出"接触与扩展"战略,在本质上仍然希望扩大与其他国家的接触,以扩展战略、多边主义代替冷战期间的遏制主义。但好景不长，克林顿执政后期在海地、波斯尼亚、科索沃等地爆发的危机逐渐让美国抛弃了多边主义，其对外战略也由此走上强硬道路。欧洲则在这一时期享受了冷战结束的经济红利，加速推进一体化进程，除了继续推动政治与经济合作外，还逐步将一体化范围向安全与外交领域拓展，欧洲认同稳步提升。为了寻找新的同盟意义、稳固美欧同盟合作，美欧在新形势下推动了新一轮跨大西洋关系的制度化建设，达成了诸如《跨大西洋宣言》《新跨大西洋议程》等一系列重要文件，美欧高层交流更为稳定频繁。这一系列举措有力强化了双方政策协商与配合的能力，为解决矛盾与挑战提供了有效的平台和渠道。

由于美欧在经贸领域仍以合作为主，这一时期的美欧同盟困境主要体现在安全领域。欧洲在一体化推进过程中渴望战略自主，但又一时无法摆脱对美国的安全依赖，尤其是冷战后欧洲并不太平，一系列危机暴露出欧洲缺乏应对安全问题的能力。美国虽然不希望欧洲搭安全制度的便车，但更不希望欧洲脱离北约建立自己的防务体系，最终让北约空心化。

双方的这种矛盾心态在推动欧洲防务合作的"法国方案"与美国引领的北约转型进程中得以体现。"法国方案"虽然得到了欧洲部分国家的支持，但在欧洲军事实力不济的情况下力推美欧"双支柱"防务未免操之过急。然而，欧洲推动的共同外交与安全政策确实取得了进展，到1997年，《阿姆斯特丹条约》明确提出要逐步搭建共同防务政策。美国对欧洲的共同外交与安全政策保持极大的戒备，认为欧洲若真正走向战略自主，将大大削弱美国霸权。

美国因此试图通过北约转型重新赋予美欧同盟在军事安全上的新意义，调整与欧洲盟友的相处之道，在一些欧洲关切的问题上也做出一定让步。北约实现机制转型后，其行动范畴将不再限于北约成员国内部，开始走向域外，从一个冷战期间的防御性军事同盟走向了更为灵活的军事同盟。经过在南斯拉夫、波斯尼亚等国进行的若干次危机干预实践，美国让欧洲意识到，北约进行与欧洲安全相关的域外任务时必须有美国的领导和资源投入，在北约框架下加强能力建设是欧盟在这一时期最为现实的选择。

三、伊拉克战争爆发后的美欧同盟认同困境

冷战结束后，美欧的相互依存程度和共同命运感已经大大降低，双方的集体认同感也被削弱。随着美欧的认知进一步分化、美国走上单边主义道路，美欧同盟在这一时期逐渐面临认同危机的考验。

国际格局在21世纪初的新变化成为影响美欧关系的重要结构性因素。美国在冷战后十年基本保持了独霸的地位，尽管在话语上从未使用"单极"一词，但事实上维持单极霸权已经成为美国的对外战略目标。然而，进入21世纪以后，随着以

"金砖四国"为代表的新兴国家在经济上崛起，国际格局已经难以简单地用"单极"形容了，多极化趋势正逐渐明朗。在这一变局之下，美欧战略界对国际格局展开激烈讨论，美国的单极说仍然大行其道，反思单极格局的声音影响力较小，而欧洲则对"多极""交极"等概念进行了更为深入的探讨。

美欧对国际格局的认知错位进一步体现在双方的"三观不合"上。三观即世界观、安全观和权力观，这些认知分歧削弱了美欧集体认同所需的同质性，影响了双方对彼此政策的判断与评价。由于话语政治是行为体确认盟友和敌手关系的重要机制，美欧的"三观不合"可以通过21世纪初的美国《国家安全战略》和《欧洲安全战略》两份文件得到体现。

在世界观上，美国仍然采用霍布斯文化的视角，更想要在全球推广美国提倡的原则和秩序，最终保护美国霸权，而欧洲没有这样的野心，更多采用康德文化的视角，想要维持的是多边主义秩序和地区稳定。在安全观上，美国将恐怖主义当作首要威胁，并且认为与恐怖主义的斗争是一场你死我活、非黑即白的意识形态之战；而欧洲更关注恐怖主义背后的深层次原因，而且并不认为恐怖主义本身是首要威胁。在权力观上，美国更强调硬实力，愿意为保障自身安全实施"先发制人"的打击，而且在必要情况下打造意愿联盟、采取单边行动，欧洲则强调冲突预防，认为必须通过国际机制和联合国授权来解决安全威胁。

美欧的认知分歧集中体现在"9·11"事件发生后美国发起的全球反恐行动尤其是伊拉克危机上,双方进一步陷入认同困境。美国失去自我约束的单边主义行径以及双方在伊拉克危机上的巨大分歧削弱了美欧的集体认同。以单边主义为核心的"小布什主义"在伊拉克危机中达到巅峰,其绕过联合国机制对伊拉克发起军事行动的做法震动了欧洲和国际社会。

面对美国的单边主义行径,欧洲内部出现了分裂,划分成所谓的"旧欧洲"与"新欧洲""欧洲主义"和"大西洋主义"阵营,欧洲不再像冷战期间那样一边倒地同意美国的所作所为都能强化欧洲的安全环境。这种分歧既是冷战后国际格局变动造成的认知差异,也是美欧自身战略文化不同造成的分歧。欧洲不愿团结一致支持盟友也让美国对欧洲的认同下降,认为欧洲的做法不利于美国实施对外安全战略,并对欧采取了"分而治之"的方式。欧洲也因此认为美国的做法破坏了欧洲团结,这种认知进一步削弱了大西洋两岸的集体认同。

美国着眼于维持霸权,欧洲主要聚焦理顺内部机制并追求国际格局多极化,双方对自我和彼此角色的认知差异日渐扩大,越来越难以把对方看作自我身份的延伸,这既体现在双方截然不同的话语政治上,也体现在彼此并不认可对方的政策有助于自身的安全环境上。尤其是在"9·11"事件以及2003年美国发动伊拉克战争后,美国的单边主义做法遭到欧洲部分国家的反感，美欧同盟出现集体认同危机。

四、特朗普执政后的美欧同盟成本困境

国际格局的变迁以及美欧政策的错位导致双方在这一阶段陷入成本上的"抛弃"与"牵连"困境。从 2008 年美国的次贷危机引发席卷西方世界的金融危机再到特朗普执政，国际格局继续深刻调整转型，百年未有之大变局下，旧秩序将退未退、新秩序将出未出，而以中国为代表的新兴国家不断崛起、以美国为代表的西方世界逐步衰弱，这些因素成为决定国际格局走向的重要变量。在国际格局的变化之下，美欧双方的矛盾日益突出，主要体现在各自的成本困境上。

西方内部尤其是美欧之间对国际格局的看法相比 21 世纪之初分歧逐步扩大。美国官方虽然意识到世界局势的变化，但依然固守维持霸权的陈旧思想，成为"身体进入 21 世纪，思想仍然停留在 20 世纪"的生动写照。奥巴马任期内由于美国尚未彻底结束"反恐战争"又遭受金融危机打击，加之奥巴马的个人及党派取向，美国在一定程度上改变了小布什单边主义的对外政策方向，通过"巧实力""多边主义""伸手外交"等方式捍卫美国的霸权地位。在这一时期，美欧世界观上的分歧并不突出。

从"奥巴马主义"到"美国优先"再到"拜登主义"，美国对欧政策和美欧关系经历起伏。在奥巴马政府的相对稳定时期后，特朗普的对欧政策调整对美欧关系造成巨大冲击。首先，欧洲在美国对外战略中的地位持续下降，印太战略的推出标志着美国将继续将优质战略资源投向"印太"地区。其次，特朗普政府以追求"公平对等"关系为理由向欧洲盟友施压，以让其"反哺"美国，压力主要体现在经贸战和北约军费问题之上。最后，特朗普政府并不支持欧洲团结和一体化，不仅鼓励英国脱欧，还试图拉拢中东欧国家以对欧洲实施"分而治之"政策。

而欧洲在特朗普执政后就开启了对美政策的大辩论，但并没有达成共识，因此欧洲对美国采取了"双重分割"的策略。一方面，欧洲将安全领域与其他和美国有分歧的领域进行分割，在继续加强与美国的防务合作的同时，在经贸领域、全球治理领域坚决抵制甚至反抗美国的逆全球化态度。另一方面，欧洲领导人巧妙地将特朗普与美国政治中的建制派切割，不愿烧毁通往大西洋彼岸的桥梁，期待后特朗普时代的美欧关系能"重回正轨"。

国际格局的变迁以及美欧政策的错位导致双方都陷入了成本上的"抛弃"与"牵连"困境。在美国看来，新的国际形势要求其必须通过减成本的方式来应对"大国竞争"，不愿在经济上继续被盟友所"牵连"。因此美国要求欧洲盟友在经贸上多做让步，在军费上多担当。这些美国认知中的战术调整却让欧洲盟友怀疑美国是否已在战略上逐步抛弃欧洲。与此同时，美国又希望欧洲能够在战略上加入美国共同对付中国与俄罗斯，但美国对欧政策的调整已经强化了欧洲被"抛弃"的心态。

在欧洲看来，一方面，美国的政策调整意味着其在战略上可能"抛弃"欧洲，因此必须加快战略自主的步伐。然而，欧洲在安全上极度依赖美国的现实又让欧洲不愿意在短期内遭到美国"抛弃"。另一方面，美国鼓动欧洲加入"大国竞争"也让欧洲左右为难：如果加入，欧洲担心在经济上受到"牵连"，失去中国和俄罗斯这两个欧洲的经济合作伙伴；如果不加入，欧洲又担心会遭到美国的"抛弃"。

即使拜登执政后调整了特朗普政府的对欧政策，强调美欧同盟的重要性，但也没有在根本上解决美欧同盟的成本困境和政策错位问题。乌克兰危机爆发后，美欧出现了"应激式团结"，美欧的分歧也进一步显现。从长远看，美国为了维护霸权，仍将减少对欧洲的投入而持续向"印太"投入，同时希望欧洲成为美国主导的"大国竞争"的助手。美国希望欧洲承担更多同盟成本和责任，却没有真正为欧洲的利益考虑。虽然欧盟谋求"战略自主"的步伐被乌克兰危机打乱，但其决心只会更加坚定。

总而言之，同盟困境伴随同盟而生，贯穿同盟的不同发展时期。它是盟友面临的维系同盟关系和维护自我利益的两难处境，这种利益来自安全、经济、价值观、机制等多个领域。

同盟困境并不必然意味着同盟走向瓦解，而意味着同盟在不同时期对个体利益和集体利益的平衡出现困难。美欧同盟经历了不同阶段的困境，也受到各自内部因素的影响。百年变局之下，美欧在同盟框架下的博弈日益清晰，跨大西洋关系正酝酿深刻调整。

RECOMMENDED READING
推荐阅读

中　文

叶江:《解读美欧——欧洲一体化进程中的美欧关系》,上海:上海三联书店1999年版。

赵怀普:《当代美欧关系史》,北京:世界知识出版社2011年版。

刘得手:《柏林危机(1958—1963)与美欧同盟》,北京:中国社会科学出版社2012年版。

钟振明:《超越现实主义?冷战后的北约及美欧联盟关系》,北京:中国人民大学出版社2014年版。

王振玲:《美欧应对中国崛起:理论、战略与互动》,北京:世界知识出版社2016年版。

[美]斯蒂芬·沃尔特著,周丕启译:《联盟的起源》,北京:北京大学出版社2007年版。

[德]尤尔根·哈贝马斯、[法]雅克·德里达等,邓伯宸译:《旧欧洲新欧洲核心欧洲》,北京:中央编译出版社2010年版。

[美]罗伯特·卡根著,刘坤译:《天堂与权力:世界新秩序中的美国与欧洲》,北京:社会科学文献出版社2013年版。

英 文

Henry Kissinger, *The White House Years*, Boston: Little, Brown, 1979.

Beatrice Heuser, *Transatlantic Relations: Sharing Ideals and Costs*, London: Royal Institute of International Affairs, 1996.

David C. Gompert and F. Stephen Larrabee (ed.), *America and Europe: A Partnership for a New Era*, Cambridge: Cambridge University Press, 1997.

Glenn H. Snyder, *Alliance Politics*, Ithaca, New York: Cornell University Press, 1997.

Geir Lundestad, *"Empire" by Integration: the United States and European Integration, 1945—1997*, New York: Oxford University Press, 1998.

Michael Brenner (ed.), *NATO and Collective Security*, London: Macmillan Press, 1998.

David M. Andrews (ed.), *The Atlantic Alliance under Stress: US-European Relations after Iraq*, Cambridge: Cambridge University Press, 2005.

Andrei S. Markovits, *Uncouth Nation: Why Europe Dislikes America*, Princeton: Princeton University Press, 2007.

Jeffrey J. Anderson, G. John Ikenberry and Thomas Risse (eds.), *The End of the West? Crisis and Change in the Atlantic Order*, Ithaca, NY: Cornell University Press, 2008.

Sebastian Rosato, *Europe United: Power Politics and the Making of the European Community*, Ithaca: Cornell University Press, 2011.

Mary Nolan, *The Transatlantic Century: Europe and America, 1890–2010*, Cambridge: Cambridge University Press, 2012.

Marinanne Riddervold and Akasemi Newsome (ed.), *Transatlantic Relations in Times of Uncertainty: Crises and EU-US Relations,* Routledge, 2020.

后　记

　　本书是以我的博士论文为基础改写而成。博士论文的写作过程虽然有披荆斩棘的痛感，但也有乘风破浪的快感，更重要的是，这一段潜心研究一个问题的特别之旅恐怕难再有。作为一名聚焦国际问题的政策研究人员，平日的研究工作内容饱满、节奏明快，但往往无法在一个议题上如此奢侈地长期充电和钻研。博士论文给了我充电续航的最好机会，也能够让我拥有一方平静的书桌、一段静心凝神的时光，内心充盈、倍感珍惜。

　　研究美欧关系是早早就与冯仲平老师确定下来的，由于我一直从事美国方向的研究，而冯老师深耕欧洲研究数十年，在选择美欧关系研究的大方向上很快达成一致。难题在于，美欧关系可写的话题很多，已写的话题也很多，如何找到一个值得研究的问题成为最大挑战。经历了美欧情报合作、反恐合作、立法机构合作等多个选题的尝试以及推翻之后，在冯老师的点拨之下，我选择了研究冷战后美欧同盟困境这个题目。其核心问题是，美欧同盟的生命力究竟如何？经过阅读文献、走访前辈，我发现这是个经久不衰的议题。当时，特朗普任内美欧同盟关系的波动又赋予这个选题新的现实意义。

在即将提交本书书稿之时，乌克兰危机骤然升级。这场危机对包括美欧同盟在内的大国关系走向、地区秩序演变都将产生深刻影响。但囿于本人精力和时间所限，拜登任内的美欧同盟关系未能全面展开，与乌克兰危机相关的影响分析也未能纳入其中，十分遗憾，只能另写学术文章加以探讨。可以肯定的是，面对这场危机，美欧被再度绑紧，但如果放眼长远，走出这场危机的"应激状态"之后，美欧之间的分歧和矛盾只会更多而不是更少，同盟困境不会因为一场危机而轻松化解。

能够完成论文和本书的写作，想要感谢的人太多，总怕漏掉一个两个。首先感谢我的导师冯仲平老师，他深厚的研究功底、严谨的治学态度一直激励着我不断前行，无论是谆谆教诲，还是寥寥数语，都能够在关键时刻起到醍醐灌顶、指点迷津的作用，不让我陷入自己的小世界而不可自拔。还要感谢中国现代国际关系研究院和清华大学战略与安全研究中心的各位老师，为我的研究工作和读博学习创造了无与伦比的条件。感谢此前参与我论文答辩的各位老师，包括中国社会科学院的周弘教授、外交学院的赵怀普教授、国际关系学院的林利民教授、中国国际问题研究院的崔洪建研究员、中国人民大学的房乐宪教授和闫瑾教授、北京外国语大学的王展鹏教授，还有现代院的袁鹏院长、张健院长助理、黄静副研究员、王磊副研究员、董一凡助理研究员，中国社会科学院的刘得手研究员，中国国际问题研究院的张蓓助理研究员，这些老师或为我的文章提出宝贵建议，或在相关问题上给予我指点，并及时指出了文中的错误与缺陷，让我受益匪浅。感谢傅莹大使，感谢清华大学战略与安全研究中心的达巍主任、肖茜和陈琪副主任以及宋博、董汀、石岩、徐峥嵘、王洁、许馨匀、陈曦、郑乐锋等其他同事们，为我能够安心、专心写作提供了关键支持。感谢北京语言大学的王叶湄和清华大学战略与安全研究中心的申青青，她们对本书提出了许多极为宝贵的修改建议。感谢中国科学技术出版社的刘畅老师，在同方大厦和刘老师第一次会面的场景依然历历在目，在整个写作过程中，刘老师也不厌其烦地给予我宝贵建议。感谢本书的执行编辑屈昕雨老师，感谢出版社参与这本书编辑和出版流程的所有同人，没有你们，这本书绝不会如此顺利地交到读者手中。最后，还要特别感谢我的家人，她们的辛勤付出是我能够后顾无忧、聚精会神撰写博士论文和本书的最大保障。